西北大学"双一流"建设项目资助

Sponsored by First-class Universities and Academic Programs of Northwest University

环境规制提升企业出口国内附加值率的机制研究

李 楠◎著

中国财经出版传媒集团

经济科学出版社

Economic Science Press

·北 京·

图书在版编目（CIP）数据

环境规制提升企业出口国内附加值率的机制研究／
李楠著. --北京：经济科学出版社，2024.2
ISBN 978 - 7 - 5218 - 5622 - 4

Ⅰ.①环… Ⅱ.①李… Ⅲ.①制造工业 - 工业企业 -
出口贸易 - 研究 - 中国 Ⅳ.①F426.4

中国国家版本馆 CIP 数据核字（2024）第 036060 号

责任编辑：张　燕
责任校对：齐　杰
责任印制：张佳裕

环境规制提升企业出口国内附加值率的机制研究
HUANJING GUIZHI TISHENG QIYE CHUKOU GUONEI
FUJIAZHILÜ DE JIZHI YANJIU
李　楠　著
经济科学出版社出版、发行　新华书店经销
社址：北京市海淀区阜成路甲 28 号　邮编：100142
总编部电话：010 - 88191217　发行部电话：010 - 88191522
网址：www. esp. com. cn
电子邮箱：esp@ esp. com. cn
天猫网店：经济科学出版社旗舰店
网址：http：//jjkxcbs. tmall. com
固安华明印业有限公司印装
710 × 1000　16 开　13.5 印张　210000 字
2024 年 2 月第 1 版　2024 年 2 月第 1 次印刷
ISBN 978 - 7 - 5218 - 5622 - 4　定价：76.00 元
（图书出现印装问题，本社负责调换。电话：010 - 88191545）
（版权所有　侵权必究　打击盗版　举报热线：010 - 88191661
QQ：2242791300　营销中心电话：010 - 88191537
电子邮箱：dbts@ esp. com. cn）

前　言

　　由改革开放引致的经济主体间竞争的出现、市场活力的激发以及经济环境的改善等推动了中国出口贸易 40 余年迅猛发展，但中国出口产品技术复杂度较低、所涉国内价值含量较少等因素使得中国长期处于全球价值链低端位置，低质量出口贸易的发展也引发了地区生态环境的恶化。为了提高中国制造业国际竞争力和高端化水平，以中国制造业绿色发展、可持续发展等为方针的《中国制造 2025》国家行动纲领的实施将对环境高质量和贸易高质量平衡发展关系的认识提高到了新高度。在这一背景下，环境规制成为改善传统粗放型经济发展方式、实现资源利用效率提高和绿色发展目标的重要手段。同时，国际分工的细化和中间品价值的全球流动，使得中国扩大的出口贸易量掩盖了中国出口真实贸易利得水平。鉴于此，本书以中国制造业企业出口国内附加值率为研究对象，聚焦环境规制对中国制造业企业出口真实贸易利得的影响及传导机制分析，以期为环境高质量和贸易高质量平衡关系的实现及其路径探索提供有益参考。

　　对环境规制和中国制造业企业出口国内附加值率关系的探究本质上等同于对环境高质量发展和贸易高质量发展关系的探究。为了对二者内核关系进行准确把握，首先，本书从二者数量发展的统一、质量发展的统一和发展方式转变的统一切入，对环境高质量和贸易高质量关系的平衡性进行理论分析，并进一步从企业、市场和政府角度出发对二者平衡关系的实现途径进行影响机制剖析。其次，本书通过构建以固定效应模型、中介效应模型和门限回归模型等为代表的多种计量模型进行经验检验，试图对当前中国环境高质量和贸易高质量真实关系进行科学评估和准确把握。最后，结合理论和实证的分析结果，提出更好平衡环境高质量和贸易高质量发展关系的政策建议。

中国长期以来依靠低廉的价格优势参与国际竞争，环境规制的实施势必会对企业成本造成冲击从而减弱中国这一竞争优势，由此可能会引发环境规制和贸易高质量发展关系"悖论"。但本书经过研究发现，环境高质量和贸易高质量存在协调发展的可能，破除二者零和博弈关系的关键在于多方经济主体的行动调整和积极参与。具体为：首先，环境规制对中国制造业企业出口国内附加值率的跃升具有积极影响，通过对企业技术革新的激发，提高企业生产力水平，节约资源要素投入，抵补生产成本，有助于推动环境规制和中国出口真实贸易利得积极关系的实现。环境规制对企业施加影响势必会受到市场变动的作用，通过改善整个社会发展方式，实现生产力水平的提高，会刺激国内中间品数量增加、种类增多以及质量提升，国内中间品市场的扩大有利于加速推动国内中间品对进口中间品"替代效应"的实现，进而取得环境效益和贸易效益"双赢"局面。环境规制可以加大政府对环境保护的关注程度，提高政府对地区环境治理投资和对企业清洁发展补贴，政府对地区和企业绿色投入的增加为企业分摊了部分治污成本，加速推进企业绿色发展进程，实现清洁发展和创新发展双目标，进而推动环境高质量和贸易高质量平衡关系的实现。其次，从影响机制具体结果看，环境规制主要通过激发企业依赖型技术创新实现对企业出口国内附加值率的跃升效果。从市场变动来看，环境规制主要通过促进技术类国内中间品市场的发展使企业出口国内附加值率得以增加。从政府角度看，随着政府对企业绿色补贴的增加，环境规制带来的积极影响长期看会使企业出口国内附加值率跃升效果更好。再次，对环境规制和出口真实贸易利得现状进行阐述并对其发展趋势进行预测，2000~2014年环境规制程度呈现波动上升趋势，其中，东部地区环境规制水平最高，西部地区环境状况最为脆弱，环境规制程度较低。在2015~2021年对环境规制发展的预测中可知，中国整体环境规制水平依然呈现上升态势，但西部地区对环境的重视度得到了明显提升，超过了同期的东部等地区。2000~2013年中国出口国内附加值率呈现上升态势，这一结果在 2014～2021 年的预测中依然未变。其中，东部和中部地区出口国内附加值率水平始终领跑其他区域。此外，环境规制与出口国内附加值率现状关系呈现较为一致的发展趋势。最后，通过经验检验可知，综合来看环境规制可以激发企业技术创新、国内市场扩大以及政府绿色投入的增加，从而促进中国出口真实贸易利得的提升。

本书所得结论揭示了环境规制与中国出口真实贸易利得间的关系，并对促进二者协调关系实现的不同路径展开了详细探讨和解释，科学解决了环境高质量和贸易高质量平衡发展的"悖论"。本书的主要贡献与创新包括：（1）以中国制造业企业出口国内附加值率为研究对象，深入探讨了宏观环境规制措施实施对微观企业，特别是企业真实贸易利得的作用效果，为纠正环境规制对中国贸易影响的高估现象，科学评估二者关系提供微观证据支撑。（2）从理论层面深度剖析了环境高质量和贸易高质量统一发展的内核关系，并从不同经济利益主体出发分别阐述了实现环境高质量和贸易高质量平衡发展的内在途径。（3）在理论分析基础上，通过构建固定效应模型、中介效应模型和门限回归模型等，从企业、市场和政府三个维度切入进行经验检验，并深度挖掘企业、市场和政府在不同类别行为调整下的作用结果和选择逻辑，为破除环境规制和贸易高质量平衡发展"悖论"提供路径参考。

目　　录

第1章 导 论

1.1 选题背景和研究意义

1.1.1 选题背景

中国经济的快速发展促进了大中城市的不断扩张,导致空气污染等环境质量问题日益严重(赵春明等,2020)。从二氧化硫、二氧化碳以及污水的排放看,与世界其他国家相比,中国的二氧化硫和二氧化碳排放量始终处在全球前列(Li et al.,2021),其中就二氧化硫排放来看,2018 年中国已成为世界第三大二氧化硫排放国(Kou et al.,2021)。针对工业产生的污水量而言,中国每年有 200 亿~250 亿吨,受到统计标准影响真实数据可能会更高(Guo et al.,2018)。可以看到目前中国环境问题仍然比较严峻,而造成这一现状的直接原因在于企业不合理的生产方式。

企业作为市场活动中重要的经济主体,从源头看其对生产资料的大量需求消耗着外部生态的供给,从结果看其污染产出又考验着外部环境的承载力,可以认为企业完整的生产活动是以环境发展为支撑并作用其中,因此,企业生产方式的选择直接决定着地区的环境质量。改革开放以来,中国发展方向开始转移到了经济建设上,由于发展初期中国的经济、技术等水平较低,制度和法律法规等相对不完善,因此为了实现经济快速增长的目标,中国各地区普遍采取"粗放型"发展方式推进,通过牺牲环境换得出口贸易的扩张以提高经济增长率，这使得中国面临环境恶化以及出口贸易长期处于全球价值链低端位置的局面。环境保护和企业生产的关系，等同于环境保护和贸易发展方式的关系，对二者关系的重新审视关系到中国的生态环境安全和贸易强国目标的实现，这也是推进中国绿色贸易发展、提升中国绿色贸易话语权的内在要求。

为了更好地平衡环境保护和贸易发展关系，中国在多样化的实现路径上展开了积极探索。中国开始大力推进环境规制和贸易发展方式变革的原因包括三方面，一是源于当前中国主要矛盾发生了变化。中国国内生产总值由 1978 年的 3679 亿元跃升至 2020 年超过 100 万亿元①，在经济体量稳步扩充背景下，中国主要矛盾已然发生了巨大变化，人民日益增长的美好生活需要涵盖了当前人民对生态、环境、绿色发展等高质量生活状态的要求。二是传统发展方式与新时代下新发展理念存在冲突。牺牲环境换取发展的不可持续方式极大限制了中国向制造业强国和高附加值产业链的转变，这与新时代下践行创新、协调、绿色、开放、共享的新发展理念形成了冲突。三是国际外部环境的变化使中国开始积极参与并推进环境规制和气候治理进程，旨在提高在环境和气候领域的主动性和话语权。"碳达峰、碳中和"作为重大国家战略，推动资源利用效率提升、实现减碳目标是中国作为负责任大国的担当体现，也是对国际社会的庄严承诺。同时，国际贸易摩擦频繁出现，国与国之间贸易政策的不稳定性使得处于全球价值链低端位置的中国面临被更高位置国家限制技术、资本等向中国流动的被动局面。此外，欧美国家碳关税的推出，也使中国高污染型产品处于竞争劣势的局面。为了改善上述情况，党的十八大、十九大明确提出并强调要大力推进生态文明建设。同时，2019 年中央政府发布了《关于推进贸易高质量发展的指导意见》，指出要推进贸易与环境协调发展，发展绿色贸易、严控高污染和高耗能产品进出口等从而实现可持续发展。此外，《中国制造 2025》行动纲领也确立了"创新驱动、质量为先、绿色发展、结构优化、人才为本"的基本方针，这

---

① 资料来源：国家统计局网站。

一行动纲领的出台也反映了政府对于推进国家制造业由大国向强国转变的决心和对绿色贸易发展的高度重视。

环境规制会对企业绿色成本产生冲击，进而挤占企业研发和生产性支出，这对企业在贸易中维持现有的价格优势以及进一步推进产品附加值提升形成了阻碍。因此，如何解决环境规制和贸易发展，特别是以出口国内附加值率（DVAR）提升为代表的贸易高质量发展这一"悖论"成为重中之重。推进环境规制方式和贸易发展方式的转变属于社会整体行为的转变，政府由此前"先污染，后治理"的被动型治理方式向积极参与到地区环境治理中主动型的转变，以及贸易发展由初始生产要素驱动向技术创新驱动的转变等，都说明了推进绿色贸易发展需要调动社会各方主体的积极性，包括企业、市场和政府三方。在政府环境规制实施背景下，对企业、市场和政府行为变动的分析有助于清晰把握各方行为调整在环境和贸易协调发展中发挥的作用，有利于深度剖析环境规制对出口真实贸易利得变动影响的内部作用机制，从而将整体研判和内部具体剖析紧密结合。

政府环境规制的实施对贸易发展的影响，特别是对出口真实贸易利得变动的影响关系到对环境保护和贸易高质量发展平衡关系实现的评判，以及推进贸易高质量发展的环境路径探索的成功与否。因此，在这一背景下，环境规制实施是否有助于促进中国制造业出口真实贸易利得的提升？这一结果又是通过怎样的传导机制实现的，即企业、市场和政府在这一结果中可以分别发挥什么样的作用？推进环境高质量和贸易高质量平衡发展未来需要在哪些方面加以完善？诸如此类的问题将是本书研究重点关注的问题。对上述问题的回答将不仅有利于科学评估环境规制和中国出口真实贸易利得变动的关系，也有助于政府进一步完善环境规制决策，推动社会各方充分发挥各自作用从而实现绿色贸易的发展，同时，也为解决环境规制和贸易高质量发展"悖论"的多样化路径探索提供理论支撑。

1.1.2 研究意义

通过牺牲环境换取出口贸易规模扩张偏离了可持续发展目标,这种竭泽而渔式发展使中国不仅面临环境承载力的极限威胁,同时,也致使中国容易处于被产品技术复杂度较高国家出口制裁的不利局面,最终导致环境发展和贸易发展"两败俱伤"的情形。鉴于此,党的十八大以来中国强力推进环境规制进程,将生态文明建设纳入发展的总体布局,并在党的十九大上明确提出加快生态文明体制改革、建设美丽中国的目标。可以看出,当前中国对推进环境规制和贸易高质量发展的高度重视。基于这一背景,本书将从微观企业层面出发,重点考察环境规制的实施和制造业企业出口国内附加值率变动的关系,并进一步从企业、市场和政府行为三个维度切入对上述结果的中介作用机制进行深入挖掘,试图对中国环境高质量发展和贸易高质量发展平衡关系的实现路径展开详细探讨。基于此,本书研究的理论和现实意义如下所述。

1.1.2.1 理论意义

首先,对环境和贸易发展关系的分析一直是学者们关注的焦点话题,但随着国际分工细化和中间品的全球流动,传统以出口规模衡量中国贸易利得会出现真实贸易利得被大大高估的现象,因此,对中国制造业出口真实贸易利得的测算十分必要。本书将企业出口国内附加值率作为出口真实贸易利得的代理指标,对环境规制和出口国内附加值率的关系展开理论与实证分析,为准确把握环境规制与中国出口真实贸易利得的关系、未来环境规制的完善及贸易高质量发展路径的探讨提供理论依据。

其次,环境规制会增加企业成本压力从而削弱出口企业价格竞争优势,环境规制与贸易高质量发展存在"悖论"。本书从不同经济主体出发,针对环境规制下企业行为、市场行为和政府行为的变动所发挥的积极影响进行理论阐述和经验研究,为破除环境规制和贸易高质量发展零和博弈关系、寻求二者平衡发展路径提供理论和经验的补充。

最后，对不同发展程度和环境类别企业进行了详细分类，聚焦环境规制对不同类型企业的作用效果有助于厘清当前环境规制背景下各类微观企业发展现状和存在的问题，为地方政府环境规制调整和未来政策的重点倾斜提供微观证据支撑。

1.1.2.2 现实意义

首先，对全国和区域层面环境规制与出口国内附加值率的特征事实展开了详细描述和分析，一方面，科学评价了环境规制整体现状和不同区域存在的问题，为中国进一步完善环境规制以及重点区域对环境治理重视度的提升提供现实参考。另一方面，对全国和区域出口国内附加值率现状的呈现为全面把握中国当前贸易发展的时空变化奠定基础，对区域间真实贸易利得发展差距的捕捉为地区政府完善贸易发展支持政策及相关动能驱动的支持提供现实支撑。

其次，结合多种计量模型并从企业、市场和政府行为的变化出发，对环境规制影响出口国内附加值率的作用机制进行经验检验，在识别了不同经济主体行为调整后的积极影响，为企业技术革新动能激发、扩大国内中间品市场及增加政府绿色投入赋予了现实意义，为突破环境规制和贸易高质量发展困境、探索环境高质量和贸易高质量平衡发展的多样化路径提供现实借鉴。

最后，绿色发展是中国坚持经济—生态—社会可持续发展的关键，贯穿中国当前环境规制和贸易提质、未来环境高质量和贸易高质量发展始终。对环境规制和中国出口真实贸易利得关系的剖析可视为对环境发展和中国贸易真实利得发展关系探寻的基础和阶段缩影，一方面，对环境规制和出口真实贸易利得协调发展的研究可以为中国环境高质量和贸易高质量平衡关系的长期推进提供参考；另一方面，也为中国局域地区环境规制下贸易发展的可行性路径探索提供借鉴。

1.2 研究思路和研究内容

1.2.1 研究思路

本书研究主要聚焦于政府环境规制对企业出口国内附加值率的影响上，旨在考察环境高质量发展和贸易高质量发展平衡关系的实现途径，为解决环境规制带来的企业成本上升而引起出口价格优势的丧失与贸易高质量发展"悖论"提供理论和经验层面的参考。本书研究立足于中国强力推进绿色生态发展、形成社会—经济—生态可持续发展模式大背景下，同时结合中国致力打造并实现制造业强国目标，重点考察环境规制的实施对中国制造业企业出口真实贸易利得变动的影响，围绕这一主题，本书按照背景分析进而引出问题、理论和经验讨论进而分析问题、汇总研究结论和提出建议进而解决问题这一思路展开相关研究。具体地，首先，在对环境规制和出口国内附加值率相关的国内外文献总结基础上指出现有研究尚需要补充和完善之处，基于此提出本书的研究问题，即环境规制和企业出口国内附加值率变动存在怎样的关系。其次，构建企业、市场和政府视角下的分析框架，对上述基础问题的内部作用途径展开多层次视角分析，即企业不同技术动能的激发、不同类别国内中间品市场的变动以及政府对地区和企业绿色投入的发展在环境规制对企业出口真实贸易利得的影响中发挥着什么样的作用。最后，针对上述研究结果，分别从三个主体出发提出政策建议，以期为推进环境高质量和贸易高质量关系的平衡发展提供多样化的路径参考和对策借鉴。

1.2.2 研究内容

本书重点考察政府环境规制对企业出口真实贸易利得的影响，并在此基础上对影响这一结果的传导机制也进行了详细且深入的剖析。通过理论层面的逻辑分析和研究框架构建，并配合实证层面的多种计量模型的运用，本书以微观企业为研究对象，从企业技术创新动能激发、国内中间品市场变动和政府绿色投入发展三个角度切入，对影响机制展开了详细分析。最后，根据上述研究结果从企业、市场和政府三个角度出发提出具有针对性的建议，以期为更好地解决环境规制和贸易高质量发展"悖论"、推动环境和贸易关系可持续发展提供更全面的视角参考。本书共分为九个章节，具体章节安排如下。

第1章为导论。本章主要介绍本书的研究背景和选题意义，并通过对研究思路、研究内容、研究框架和研究方法的整体阐述来对本书的逻辑架构进行说明，随后在此基础上进一步指明本书的创新之处。

第2章为文献综述。本章围绕环境规制和出口国内附加值率的关系主要从以下三个方面展开文献梳理工作。首先，对环境规制特别是行政命令型环境规制研究进行总结。其次，对与出口国内附加值率有关的国内外研究展开详细梳理，为总结这一主题当前主要研究方向和边界提供文献支撑。最后，针对出口贸易与其影响因素的关系研究进行汇总，包括环境规制的影响研究，同时结合全书结构安排，对企业技术创新、市场发展以及政府投入的增加与出口贸易关系的研究分别进行梳理，为本书主题的确立提供充足的国内外文献支持。

第3章为环境规制提升企业出口国内附加值率的理论分析框架。本章是后续章节结构安排的重要基础。环境和贸易关系并非只能处于零和博弈状态，破除这一对立关系、打通连接二者协调发展的分析通道有助于为全面、科学理解二者关系奠定基础。基于此，本章从环境发展和贸易发展关系的本质出发对二者的统一性进行了理论阐述，主要从增量发展、质量提升和发展转型三个方面对二者的紧密相依性进行详细剖析。同时，为了对影响环境规制和出口国内附加值率变动关系的作用机制进行识别，本章还从企业技术创新动能激发、国内中间品市场变动和政府绿色投入发展三个方面对影响机制展开了理论机理分析，为后续实证检验章节提供理论指导。

第4章为环境规制和企业出口国内附加值率的测算及现状。本章对环境规制和出口国内附加值率指标的选取与测算首先进行了详细说明。为了更全面地反映出地方环境现状信息，本章从工业污染排放角度选取四个指标对环境规制进行测算。同时基于中国工业企业数据库和中国海关贸易数据库对企业数据按照完整性、真实性和相关会计准则等进行了处理，并在匹配后的数据基础上计算出企业出口国内附加值率。为了更直观地呈现中国环境规制和出口国内附加值率的现状和发展趋势，本章通过图示方式呈现了 2000～2021 年二者的发展变化，其中受到数据公布的限制，2016 年之后的环境规制数据和 2014 年之后的出口国内附加值率数据均是依据各自前期增长率进行的预测值，以期对二者的发展进行长期视角的把握。

第 5 章为环境规制影响企业出口国内附加值率的经验检验。本章利用面板回归模型考察了环境规制和出口国内附加值率变动的总体关系，并结合双重差分法（DID）等方法对二者关系进行了稳健性分析。为了对企业层面数据进行充分利用，本章还根据不同发展程度和环境类别将企业划分成低附加值且低污染、低附加值且高污染、高附加值且低污染、高附加值且高污染四种企业类型，分别对上述四类企业进行了分析。同时，本章还从要素禀赋、要素密集度以及企业性质三个方面扩展了对基准结果的分析。进一步地，本章从企业生产行为的延续性特点出发和以企业外部发展环境为依托将二者纳入模型中从动态视角分别进行了考察，即从企业发展的滞后效应、集聚效应和政府—市场关系出发扩展性讨论了环境规制和出口国内附加值率变动的总体关系。

第 6 章为环境规制、企业多元技术创新与企业出口国内附加值率关系研究。主要为企业多元技术创新在环境规制和出口国内附加值率总体关系中的作用分析。本章从企业行为出发，考察了不同类型技术创新的中介传导影响，以企业依赖型和自主型技术创新动能的激发为研究对象，详细分析不同技术创新动能激发在环境规制和企业出口国内附加值率总体关系中发挥的作用。同时，结合不同发展程度和环境类型将企业分为四种，在此基础上对上述结果进行了异质性分析。由于成本是影响企业发展的关键因素，为了深入研究企业对不同技术创新类型选择的内在依据，本章针对不同技术创新类型和企业成本关系进行了扩展性分析，试图从成本角度解释企业的决策行为。

第7章为环境规制、国内中间品市场变动与企业出口国内附加值率关系研究。主要为环境规制对不同类型国内中间品市场变动与出口国内附加值率的影响研究。本章从市场变动出发，考察了国内中间品市场变动在环境规制和企业出口国内附加值率关系中的作用，主要通过对技术型国内中间品和非技术型国内中间品两类市场的变动分析来识别市场行为变动带来的中间传导影响。同样，本章参考前面对企业类型的划分，考察了环境规制对四类企业技术型和非技术型国内中间品市场扩张的影响。最后，综合考察了环境规制实施对企业国内市场和国际市场发展变化的作用，并随后对国内市场和国际市场"双循环"的实现进行了延展性讨论，为从市场角度解释环境规制和出口真实贸易利得变动的关系提供了经验支撑。

第8章为环境规制、政府绿色投入与企业出口国内附加值率关系研究。主要为环境规制对政府绿色投入与企业出口国内附加值率的影响分析。本章侧重从政府对地区和企业绿色投入出发，探讨政府绿色支出在环境规制和企业出口国内附加值率关系中发挥的作用，并在此基础上对比了政府对地区和企业绿色投入的具体效果，以期对更有效果的政府行为进行识别。同时，本章也遵循前面对企业的分类原则，识别了环境规制对政府绿色投资流入四种类型企业的异质性结果。最后，对政府绿色投入带来的企业成本效应和社会效益进行了拓展性讨论。本章为从政府层面解释环境规制和出口国内附加值率变动关系提供新的视角参考。

第9章为主要结论与政策建议。本章对分章节形成的结论进行了总结，并根据所得结论从企业创新、市场潜力挖掘以及政府积极参与三个方面呈现出政策建议。最后，对本书研究有待完善的地方以及未来研究拓展的方向展望进行了进一步的讨论。

1.3   研究框架和研究方法

1.3.1   研究框架

基于上述研究思路和研究内容，结合已有的相关文献在此呈现本书的研究框架，具体如图 1 – 1 所示。

1.3.2   研究方法

为了对环境规制和制造业企业出口国内附加值率关系展开深入研究，本书主要使用以下方法进行分析，即归纳法与演绎法的结合、描述性统计分析方法以及多种计量分析方法的综合运用。具体方法的描述和应用呈现如下所述。

（1）归纳与演绎方法的结合。本书主要考察政府环境政策对微观出口企业产出价值变动的影响，因此对政府环境规制工具展开详细归纳是进行本书研究的重要前提，基于此本书首先对行政命令型环境规制采用的具体指标进行了梳理和归类，结合本书研究需要最终选取与工业污染排放相关的四项指标进行信息提取并形成一个综合指标展开相关研究。此外，政府环境规制的实施会引起各方决策行为发生变动，对这一变动进行归纳和总结成为解释环境规制和企业出口真实贸易利得变动关系的重要突破口，在此背景下本书针对环境规制对企业生产决策、市场传导反馈和政府绿色支出的增加首先进行了归纳分析，然后基于上述结果再对内部传导效果展开进一步讨论，试图在多维度视角归纳的基础上对环境规制带来的社会全方位影响进行演绎总结，以期使本书研究分析具有普遍性和可借鉴性。综上所述，从这一方面来看本书采用归纳和演绎方法相结合的方式来推进本书研究。

（2）描述性统计分析法。本书基于统计分析后的图示方式对环境规

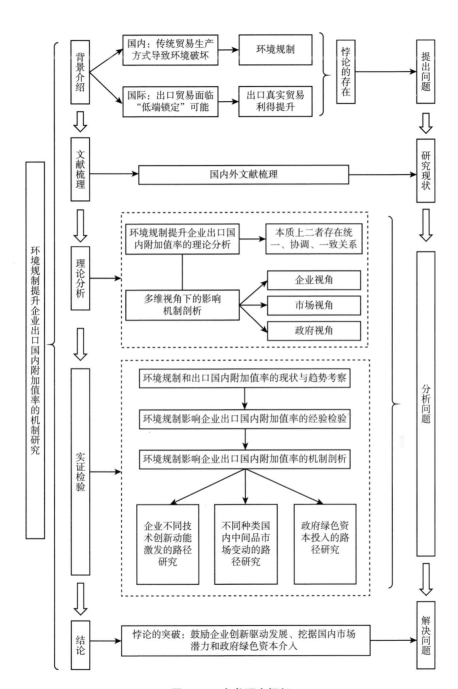

图 1 - 1　本书研究框架

制现状和趋势进行展现，出口国内附加值率现状和趋势也同样采取这一方式呈现，以更直观的结果来分别对二者现状及相互关系进行描述性分析。此外，为了使实证研究结果具有可信性，本书会在经验检验前对变量名称、计算方法、样本量、均值、标准差进行统计分析，以期明确本书变量的计算过程和证明研究所用变量的数据均在合理范围内从而反映实证结果是可信的。

（3）多种计量分析方法的结合。主体回归部分主要通过面板回归法对环境规制和制造业出口国内附加值率的关系展开研究，同时在稳健性检验部分辅之以双重差分法（DID）等进行了补充分析。在影响机制的分析中，本书主要运用了中介效应模型、门限回归模型等展开讨论，试图通过科学的计量方法对基准回归进行进一步的深化研究。

1.4　创 新 之 处

首先，本书以企业出口国内附加值率为研究对象来考察环境规制与中国制造业企业出口真实贸易利得的关系，对环境政策影响中国出口真实贸易利得的结果进行了修正，并提供了微观层面的证据支持。目前，聚焦于环境与制造业出口真实贸易利得关系的研究较为匮乏，现有研究主要关注环境规制与贸易规模的关系，且大多从国家、省份或地级市等宏观层面展开。本书依托中国工业企业数据库和中国海关贸易数据库中31万条较为完整的制造业出口企业信息，将本国产出价值和进口价值部分进行有效"分离"，对企业出口国内附加值率展开测算，立足于更微观的大样本来考察环境规制和制造业出口真实贸易利得的关系，以期为环境政策效果的科学评估提供微观证据支撑及为中国贸易高质量发展多样化途径探索提供新的环境视角参考。

其次，为了深入把握环境规制和出口国内附加值率的本质关系，本书从二者内核关系即环境高质量和贸易高质量层面出发，对二者关系的平衡发展进行理论剖析，对二者理论关系认识进行了拓展补充。进一步从企业、市场和政府角度出发挖掘了环境高质量和贸易高质量平衡关系实现的途径，即环境规制通过激发企业技术创新动能、扩大国内中间品市场份额及增加政府绿色环保投入对贸易高质量发展产生积极影响，为打破环境规制和贸易高质量发展困境提供多维度、全方位视角补充和可行性路径参考。同时，结合理论分析，本书使用面板回归模型、中介效应模型、门限回归模型等考察了环境规制对制造业出口国内附加值率的影响及其传导机制，为科学评估二者现实关系，明确企业、市场和政府行为变动意义提供经验证据补充。

最后，鉴于企业特征存在差异，本书按照不同环境类别和发展程度对企业进行了分类，为识别环境规制对企业间的作用差异提供了依据支撑。本书以低附加值且低污染、低附加值且高污染、高附加值且高污染、高附加值且低污染四类企业为研究对象，考察了不同标准分类下企业行为对环境规制实施的反馈结果，使得在企业层面上的分析进一步得到了拓展和深化，为环境规制在不同企业上的完善及政府相关政策实施时重点方向的调整提供经验参考。

第2章 文献综述

2.1 环境规制研究梳理

2.1.1 环境规制的理论梳理及其分类

环境规制的启动意味着地区环境质量偏离了区域可持续发展的标准，地区管理者通过行政干预、市场激励或者公众参与等方式对生态环境展开保护，力图通过外部力量的介入规范地区经济主体行为，从而降低经济主体行为对环境的负外部性影响以及实现环境质量的提高。"治理"一词最早可追溯到 16 世纪（让－皮埃尔·戈丹，2000），后被引入公共部门，在与政府公共管理部门产生交集后，形成了与政府治理有关的新理论（王莹和叶倩瑜，2010）。环境治理可以被视为治理概念在环境领域的拓展，意味着其治理对象是环境，而环境规制的实施反映了生态环境遭到了破坏，且这种破坏超过了环境自身系统的恢复能力，在这一背景下需要借助外部力量进行纠正和管理。追本溯源来看，产生这一现象可归因于以下方面。

市场失灵的出现使得经济主体行为带来的社会影响偏离了帕累托最优状态。在市场失灵背景下，一部分人为了提高自身福利、攫取更大利益，通过牺牲另一部分人的福利水平、降低其效用来实现。而市场失灵的产生缘于外部性的出现。外部性理论认为经济主体间产生的非市场化作用，其中任何一方均无法由此获益或承担后果。外部性理论最早由马歇尔提出，后庇古在此基础上进行了扩展分析，区分了"外部经济"和"外部不经济"概念，认为市场的调节和运行并非万能，其对外部性的分析说明了推行政府干预十分必要，这有利于改善整体福利状况（庇古，1920）。负外部性的出现使得产生者无须为此支付成本，由于该主体从中获益却不需要承担责任，这会引致其他经济主体的效仿，这种引致行为对没有产生负外部性影响的其他经济主体可能会产生"劣币驱逐良币"现象，最终致使社会成本高涨。

　　经济主体的行为对环境造成了负外部性却无须为此支付任何成本，即私人成本被转嫁到了社会成本上，在没有外部力量干预的情况下，这一现象发展下去势必会扰乱社会正常发展秩序以及增加环境承载力负担。因此，在面对外部性时，政府干预是有效的解决措施（李泽众，2021）。对于外部性现象，科斯在 1960 年进一步指出，政府干预不是解决外部性内部化的唯一方式，产权界定不清晰是外部性引起市场失灵的原因，如果产权划分明确，这一问题可以通过市场交易这一非政府途径解决。此外，由于对环境产权属性界定不清晰，因此环境被视为公共产品，非排他性特点的存在容易导致"公地悲剧"的出现（Hardin，1969）。综上所述可以认为，环境规制的出现源于不完善的市场经济运行模式，因此，运用政府等外部力量纠正不合理的环境现状、推进环境规制进程是必要的。

　　由于市场失灵的出现，政府干预作为对市场运行缺陷的补充就十分有意义。20 世纪 40 年代末到 60 年代初，发展经济学指出计划化的重要性，认为单纯的市场作用不能很好地适应经济发展带来的结构变化，并开始探索政府在经济发展中的作用和角色。针对外部性带来的环境问题，政府作为社会的管理者有必要进行干预并纠正，通过将私人环境成本内部化来抑制污染主体将其转嫁到社会成本上。政府实施环境规制表明其对经济主体有损社会整体发展的行为开始约束，引导经济主体行为向可持续性发展模式转变，从而最大化地降低其对社会生态环境带来的负面影响。由于环境问题是市场运行的不完善引致的，因此推进环境规制进程，不能完全依靠市场调节进行，重视政府的外部干预作用等多种途径推进是弥补市场失灵引致环境问题的有效方式（史敦友，2021）。

此外，从福利经济学角度来看，庇古（Pigou，1932）认为，在完全竞争市场条件下边际私人净产值等于边际社会净产值，而在现实中这两者并不时时相等，此时其认为需要发挥政府的作用，即对私人部分超过社会部分的增量进行征税，反之，则对私人部分进行补贴。对于环境规制而言，经济主体的私人经济行为对环境的污染不应以占用其他主体对环境的消耗为代价，这种以降低他人效用甚至降低整体社会效用为代价的行为需要外部力量予以纠正。从福利经济学角度看，私人对环境污染超过了社会环境承载力时，应当对超出部分征税；反之，应当对私人部分进行补贴或经济肯定。因此，通过政府等途径对经济主体行为进行有效约束是推行环境规制的可行性方式。

环境规制按照实施主体划分可归类为三种，即行政命令特点的环境规制、市场激励特点的环境规制和公众参与特点的环境规制（赵玉民等，2009；黄清煌等，2017；游达明和蒋瑞琛，2018；陈平和罗艳，2019；张静晓等，2020；刘满凤和朱文燕，2020；闫莹等，2020；杨仁发和郑媛媛，2020）。从政府角度展开的环境规制可被视为行政命令型环境规制，而行政权力是政府进行环境规制的动力来源（王文寅和刘佳，2021）。

政府介入和参与主要通过行政、经济、法律法规和标准以及宣传普及教育等手段展开，试图通过政府实施的措施或政策的引导（董景荣等，2021）对地区环境改善提供资金和环境基础设施等的外部支撑以及增加对地区经济主体行为的约束从而推动其生产方式的转变。陈晓艳等（2021）从环境处罚角度对企业环境规制效果进行了分析，认为环境处罚对企业环境约束具有一定的震慑作用，说明推动政府对企业环境规制事后执法的重要性。徐彦坤等（2020）的研究也支持了这一结论。行政命令型环境规制会通过政府的多样化手段介入地区环境发展中，以政府对地区环保事业的参与以及对企业行为方式的引导展开，充分发挥政府在解决区域环境问题中的作用，最大限度地对市场调节经济主体行为的缺陷进行有效补充。

市场激励型环境规制是以市场信号为标杆，对经济主体不合理行为进行调节进而引导其发展符合社会可持续发展的要求（师帅等，2021）。姬新龙和杨钊（2021）、李治国和王杰（2021）以中国碳排放权交易市场的建立为研究对象，针对碳市场的运行带来的减排效果进行了分析，认为碳市场具有显著的碳排放效应。市场激励型环境规制通过市场对经济主体行为的约束来实现污染减排目标，充分发挥市场对资源配置效率的优势，通过尽可能的充分竞争提高企业绿色生产效率从而加速推动其获得竞争优势。市场激励型环境规制通过这一运行模式将绿色高效企业和污染低效企业进行了区别，并通过市场竞争对不符合环保要求的企业进行技术"倒逼"革新或淘汰，这一模式的运行有助于提高所有存留企业整体的生产效率和社会环境质量水平。

公众参与型环境规制指公众作为治理的主体参与到环境规制的进程中来。随着社会发展，公众对环境质量的要求以及相关信息的获取量得到了提升，这就使得公众对环境问题的关注和参与程度在增加，公众参与在环境规制体系中发挥着重要作用（马勇等，2018），提高公众参与水平是推动中国环境规制体系建设和完善的重要方向（周亚雄和张蕊，2020），具体来看，其可以通过信访、举报等方式向政府环保部门提出环保诉求，这有利于政府拓展对地区环境现状的获取途径，但当前我国公众参与型环境规制方式发展较为缓慢，对这一治理工具的推广还需进一步完善（曾倩等，2018）。

2.1.2　环境规制的内涵界定

本书侧重采用行政命令型环境规制对全书展开研究，因此这里重点对这一类型环境规制进行相关分析。行政命令型环境规制，即指政府环境保护部门等针对治理对象经济行为对环境的负外部性进行强制约束，通过规定经济主体污染排放上限、提高市场准入标准以及控制社会总量排放等方式"倒逼"治理对象采用符合可持续发展原则的生产方式，并对不符合排放标准的企业进行系列经济处罚（张红凤和张细松，2012；孙玉阳等，2019）。这一方式在有限时期内解决生态环境运行超过其承载力问题起到了积极的作用（李晓西和王佳宁，2018；张小筠和刘戒骄，2019；何兴邦，2020）。泰坦伯格（Tietenberg，1994）将这一类型的环境规制工具视为"控制型"工具，认为其具有强制性和命令性特点，主要是通过对微观企业行为进行强制约束来达到既定目标（屈小娥，2018；游达明和欧阳乐茜，2020；吴磊等，2020）。行政命令型环境规制是政府对社会生态环境发展直接介入的一种方式，它带着强烈的政府干预色彩，具有较强的约束性（周清香，2021）。

之所以会出现行政命令型环境规制方式，一方面是由于，基于市场配置资源出现了失灵现象，经济主体通过市场所产生的严重负外部性影响对生态环境承载力带来了严峻挑战，但其却无须为此行为承担后果，也就是说经济主体将私人成本无偿转移成了社会成本，从而规避了市场处罚。这一现象的出现充分说明市场调节经济主体行为出现了失灵情况，需要政府作为外部补充力量予以纠正（史普博，1999）。另一方面，行政命令型环境规制的出现也说明了政府作为社会重要主体对地区环境重视度的提高（张建华和李先枝，2017），其作为社会的管理者开始积极参与进地区环境治理中来了。

由于微观企业是环境污染产生的主要源头（徐志伟和李蕊含，2019），环境规制的对象主要聚焦在企业上，因此针对行政命令型环境规制工具的实施效果，目前存在以下两个方面的讨论，一方面，部分认为行政命令型环境规制对企业污染排放的约束能够起到积极的作用（陈艳莹等，2020；孙博文，2021；韩超等，2021）。另一方面，部分学者通过研究发现环境规制的实施使得污染存在转移现象（Cai et al.，2016；徐莉萍等，2019），即出现了"污染天堂假说"（Yoon et al.，2017；Elkhan，2020），因此，为了提高地区环境规制效果，强化地区间政策的动态协同实施十分必要（钟娟和魏彦杰，2020）。

2.1.3 环境规制指标分类

行政命令型环境规制是从政府角度出发通过政府对地区环境发展的

介入来实现区域环境质量的改善，因此对这一治理方式指标的选取势必与政府层面的行为紧密相关。在这一背景下通过对相关国内外文献的梳理，本书从政府"自上而下式"管理和地区"自下而上式"反馈两个角度来对行政命令型环境规制指标的选取进行了分类。具体文献梳理结果如下所述。

（1）政府"自上而下式"管理为主的环境规制相关指标的选取。政府"自上而下式"管理是指政府在环境规制中发挥着积极的主观能动性，通过政府实施的行政、经济、法律等措施的影响来推进地区的环境规制进程。在这一过程中，政府处于积极参与到环境规制中这样一个状态。从政府政治实施的影响来看，政府主要利用行政手段对威胁到环境质量提高的经济行为进行行政处罚和约束，作为约束经济主体对环境负外部性影响较为严格的一种方式，其对经济主体的社会行为会产生直接影响，为了规避或应对环保处罚，经济主体会加速推进污染治理活动等（崔广慧和姜英兵，2021）。环保行政处罚不同于环境刑事责任（周信君等，2021），其属于单独的一类行政管理形式（Zinn，2002）。从政府经济措施实施的影响来看，行政命令型环境规制的推行意味着政府对地区环境质量改善的重视，政府的积极参与通过财政手段对经济主体进行补贴或者鼓励其提高污染治理投资来表现，主要通过经济手段参与到微观主体的经济活动中进而推进环境规制进程。从法律法规的实施来看，政府通过完善相关环境保护法律、法规以及地区标准等，为地区可持续发展和环境规制推行提供外部运行参考。此外，政府行政命令型环境规制还包括一系列与环保有关的试点政策的实施。政府"自上而下式"管理为主的环境规制指标的具体度量包括以下四类。

第一类是将环境行政处罚案件数量作为行政命令型环境规制的代理变量（王丽霞等，2018；蔡乌赶和李青青，2019；孙冰等，2021；刘帅等，2021）。薄文广等（2018）认为，命令型工具是对目标项目和企业进行直接、强制和综合干预的一种手段，因此其选取环保部门颁发的指标作为代理变量，如当年环保部门和监察机构人数以及行政处罚案件总数等。王文熹和于渤（2018）也同样赞同这一选取标准，从与环保行政部门有关的信息出发来作为环境规制变量的选取依据。

第二类是以污染治理投资额作为相关指标来对行政命令型环境规制进行测度（Gray and Shadbegian，1993；沈能等，2012；郭进，2019；李国祥和张伟，2019；胡美娟等，2021）。李菁等（2021）认为，政府对污染治理的投资可以反映出其对地区环境的重视和治污的决心，因此这一指标可以较好地反映环境规制水平。杨德云等（2021）采用环境规制投资额占地区生产总值比重来衡量环境规制强度。张文彬等（2010）也认同污染治理份额的测算相较于绝对数值而言更能反映治理程度，因此以工业增加值作为参考对象来度量环境规制强度。

第三类是以环境保护法律、法规以及标准的实施数量为基础展开的核算（李斌和彭星，2013；王红梅，2016；韩楠和黄娅萍，2020；熊航和静峥，2020）。对于采用环境法律法规数等来衡量环境规制，白雪洁和曾津（2019）以各省份环境相关的法律法规等的绝对数来反映环境规制现状。环境法律法规的实施数量可以有效反映政府对环境规制的重视程度，且环境保护法律、法规以及相关标准越完善，越有利于引导地区向可持续发展方向转变，而法律法规以及环保标准的完善需要基于事实不断更新和补充，其处于一种动态的完善状态中，因此，通过对环境保护法律、法规或者环保标准实施数量的统计，一方面可以衡量政府对地区环境规制的重视程度和强度，另一方面也可以看出当前地区环境保护和发展的外围制度水平。不同于对环境保护法律法规等绝对数值的选取，张艳纯和陈安琪（2018）与其余地区经济发展水平挂钩，试图从动态关联角度构建环境规制指标，具体地，其将环境法律法规数占地区总产值比重视为环境规制的代理变量来展开分析。由于地方性法规和行政规章存在较大区别，为了详细识别不同类别环境立法和环境标准差异，李树和翁卫国（2014）以地区环境法规数和环境规章数作为环境规制的衡量指标。

第四类是以政策引导为基础作为变量的选取依据。具体包括诸如环境信息披露（史贝贝等，2019；王馨和王营，2021）、"两控区"政策的实施（Sun et al.，2019；熊波和杨碧云，2019；张冬洋，2020）以及

"河长制"的实施等（沈坤荣和金刚，2018；王班班等，2020；范红忠等，2021）。政府对某一区域实施环保政策，等同于将该政策在目标地区率先进行"试点"，通过对"试点"经验的总结再推广至全国其他地区。政府通过环保政策的引导对地区污染排放和环境质量改善进行干预，政府环保政策的实施代表着政府对地区环境规制多样化途径的探索，从政府角度来看，通过政策试点来传导政府对地区环境发展的干预，从而达到纠正不合理环境发展行为的目的。除了将环保"试点"政策作为研究指标外，还有部分学者以新环保法的实施为研究对象，将其作为环境规制的代理变量（顾和军和严蔚然，2021；王分棉等，2021）。

（2）地区"自下而上式"反馈为主的相关指标的选取。地区"自下而上式"反馈就是指以地区基础环境数据的呈现为主，对地区环境现状进行直接反映。政府进行环境规制需要以地区环境发展现状为基础，对现状进行全方位掌握，而基层数据的反馈一方面便于政府依托此信息制定出相应治理和环境考核标准，有利于对此后环境规制效果进行客观评估；另一方面，基于地区环境现状，政府对环境规制程度的把握可以做出科学研判，是政府相机决策的重要参考。通过对国内外文献总结，地区"自下而上式"反馈为主的指标选取主要以污染物排放量为基础展开计算。依托地区环境现状的客观情况，以地区污染物排放量为基础计算环境规制指标（Cole and Elliott，2003；Domazlicky and Weber，2004；李玲和陶锋，2012；杜威剑，2018；宋德勇和杨秋月，2021；赵领娣等，2021；孙冰等，2021）。盛斌和吕越（2012）、闫文娟等（2012）将污染物排放的单项指标作为衡量环境规制效果的代理变量，但有学者持不同意见，认为单项指标对地区环境信息的呈现可能会出现偏差和遗漏，因此有学者通过对几种污染排放指标的加权得到综合指标来衡量地区环境规制状况，以便更全面地反映区域环境规制信息（钟茂初等，2015；安海彦和姚慧琴，2020）。

2.2　出口国内附加值率的研究动态

2.2.1　出口国内附加值率的内涵界定

出口国内附加值指一国或地区出口的产品中，完全由本国生产并贡献的价值含量。在此基础上，出口国内附加值率可被视为本国出口的价值贡献占出口产品总价值中的比重。出口国内附加值率是相对于进口附加值而言的，由于国际分工的细化以及产品价值链的延伸，一项产品的产出不再由一个国家单独完成，取而代之的是通过国家间的分工和协作生产最终完成产成品的产出，因此国与国之间的贸易往来也由基于最终品交换的货物贸易逐渐转变成基于中间品和服务交换为主的"任务贸易"（World Trade Organization，2011）。在这一背景下，对产成品最终出口国而言，该产品既包含了本国的价值增量，也包含着进口的价值增量。附加值测算的出现以一国实际价值增量为统计口径对本国制造和进口制造进行了区分（叶慧珍，2015），这为准确评估一国的真实价值创造提供了可能。

之所以出现出口国内附加值概念，源于传统贸易核算方法不适用于当前新型国际分工体系下对贸易往来的估算。传统贸易核算的前提是国际分工限于产业间分工，生产要素不发生国家间转移，所有生产行为均由一国单独完成，在这一情形下，对该国出口总价值的衡量就是对这个国家国内生产的价值总量的衡量（廖书洁，2017）。但在新型国际分工体系下，生产要素、中间品等会通过国家间的协作生产在国际流通，此时通过传统核算方法容易出现对一国出口价值的重复计算，尤其是中国作为全球制造业生产大国，加工贸易比重较大，传统估计方法的应用会出现高估中国出口贸易价值的可能（陈继勇等，2016），这使得对中国真实的出口价值总量会出现评价失真（张海燕，2013），因此，出口国内附加值率核算的出现较好地将国内生产价值和进口生产价值进行了"剥离"，从而较为准确地识别出口产品中所包含的本国真实价值贡献。建立在出口国内附加值率核算基础上的出口贸易规模的测度，一方面为科学评估一国真实出口贸易利得、出口结构以及在全球价值链上的位置奠定了基础，另一方面也为国家层面制定贸易高质量发展规划和意见提供了真实的现状参考。

2.2.2 出口国内附加值率测算的演变

由于国际分工的发展和深化，生产要素和中间品等在国家间的流动性加强，生产全球化的分割程度大大加深，在这一背景下，以增加值计算为基础的新的贸易核算方式顺应出现（王直等，2015）。胡梅尔斯等（Hummels et al.，2001）从宏观层面出发，利用非竞争型投入—产出表（I-O表）提出了垂直专业化指标的测算方式（HIY）。胡梅尔斯等（Hummels et al.，2001）基于投入产出数据库，以OECD中10个国家以及爱尔兰、韩国、中国台湾和墨西哥四个新兴经济体为研究对象，测算了上述经济体垂直专业化程度（VSS），其认为垂直专业化等于一国或地区的进口中间品占总产出比重再与总出口规模相乘而得出的结果，在此基础上进一步得到出口国内附加值，即总量1减去上述垂直专业化测算的结果。该方法较好地将一国国内价值生产部分识别了出来，但是缺点是在计算进口中间品比重时，没有区分不同贸易类型，这将会导致估计结果有偏。

鉴于此，迪恩等（Dean et al.，2007）和库普曼等（Koopman et al.，2009）对这两类贸易进行了区分，具体地，对投入产出表中加工贸易和一般贸易赋以不同系数值，对HIY估计结果进行了一定程度的修正。樊秀峰和程文先（2015）认为，在信息不对称条件下修正后的方法是无法使用投入系数矩阵的，因此，其通过构建GAMS模型对这一问题进行了补充和完善。目前，已有诸多学者利用世界投入产出数据库对中国出口国内附加值进行了测算和研究（郭沛和孙莉莉，2015；卢小兰和喻静琼，2017；成艳萍和陈海英，2018；吴云霞和马野驰，2020）。由于非竞争型投入产出表计算的出口国内附加值主要聚焦于宏观层面，因此，对微观企业更详细的分类分析无法进一步实现（程文先和樊秀峰，2017）。

为了解决对企业层面的分析需求，有学者基于中国工业企业数据库和中国海关贸易数据库中的企业信息进行了微观层面测算（赵玲等，2018；胡浩然和李坤望，2019；白东北等，2019；孙伟和戴桂林，2020；金洪飞和陈秋羽，2021；阳立高等，2021），即对这两大数据库企业信息按照一定标准和会计准则进行数据处理，并针对两大数据库处理后的可信数据展开匹配，随后在此基础上计算企业出口国内附加值，这一测算方法弥补了从更微观的企业视角对一国出口国内附加值变动的衡量。

2.2.3 出口国内附加值率的影响因素

由于出口国内附加值概念出现相对较晚，因此有关出口国内附加值率影响因素的研究相应较少，在通过对已有的国内外文献梳理后发现，学者们主要从企业内部发展和企业外部运营环境两大方面展开了相关因素与出口国内附加值率关系的探讨，涉及 7 个主题。

首先，对企业内部发展带来影响的研究进行了梳理，主要涉及工资要素。由于企业生产成本的提高会抑制其出口国内附加值率的提升，因此对企业成本的控制就显得尤为重要。工资作为企业成本的主要构成部分，有学者从最低工资的上涨对企业出口国内附加值率的影响展开了讨论，认为其上涨对后者存在积极影响（铁瑛等，2018），产生这一结果的原因在于其通过引致加工贸易退出市场从而助推了企业出口国内附加值率的提升。与这一研究结果不同的是，崔晓敏等（2018）发现，最低工资上涨对出口真实贸易利得有抑制影响，其中成本的上升成为产生这一结果的关键因素。蒋艳萍和王保双（2021）则从企业出口国内附加值视角出发，考察了其对企业工资水平的影响，发现前者对后者具有积极的促进作用。从工资角度切入的研究反映了学者开始试图从企业内部的生产因素来展开对出口国内附加值的影响分析，这对完善企业内部发展带来影响的研究提供了重要参考。

其次，对企业外部运营环境带来影响的研究进行梳理。从金融角度展开的相关研究。由于企业发展需要依托大量的资金支持，而出口企业由于需要提前垫付对产品的生产成本，因此在前期生产资料、中间品的投入和生产中，其对金融信贷资本的依赖度较高。基于这一情况，邵昱琛等（2017）、熊琴（2017）以融资约束为视角切入，认为前者和企业出口国内附加值率存在倒"U"型关系，因此适度的融资约束有利于提高企业的竞争力。马苏孟（2020）的研究随后也支持了这一结论。还有学者从汇率角度进行了研究，认为本币的贬值将有助于提高企业出口国内附加值，而本币的升值则会削弱企业的竞争力（张文磊和陈琪，2010；余淼杰和崔晓敏，2018）。此外，陈陶然和谭之博（2018）通过研究认为，金融市场水平的提高以及市场主导的金融结构有助于依赖外资行业的出口国内附加值的增加。可以看出，目前从金融角度进行的分析更多地在探索如何使金融市场以及金融工具等为企业生产提供良好的外部依托环境，从而更好地推动本土企业转型升级发展。

以垄断和自由贸易为主题展开的研究。交易成本是影响企业生产的另一个重要因素，而信息的不对称会抬高交易成本，反之，打破信息壁垒、推动信息流通在降低企业成本方面会有所助益。就市场运行而言，完全竞争市场的存在是市场运行的最理想状态，但现实中垄断的出现往往会阻碍市场向完全竞争市场靠拢。李胜旗和毛其淋（2017）、吕云龙和吕越（2018）通过研究发现，垄断会产生显著的消极影响，这一点在企业出口国内附加值率研究上得以体现，特别是在制造业上游领域。针对市场分割的影响也有学者进行了研究，结果同样支持上述结论，即市场分割的抑制影响在企业出口国内附加值率上得以表现（吕越等，2018）。

针对垄断带来的负面影响，其他学者则从贸易自由化角度进行了进一步的探究，但出现了两种争论，一部分结论认为推进贸易自由化有助于使企业出口真实贸易利得提升的目标实现（张营营等，2019；孙一平，2020），但张平南等（2018）将最低工资引入进出口国内附加值率模型中考察时发现，在前者标准提高的背景下，中间品贸易自由化也是会带来消极影响的。贸易自由化的影响研究除了上述涉及方向外，也有研究从区域一体化进程的推进展开，诸多学者的研究证明了在中国—东盟自由贸易区框架下与东盟存在贸易往来的企业，其出口国内附加值率提升效果明显（洪静等，2017；吕冰和陈飞翔，2020；吕冰和陈飞翔，2021），这主要受到地区贸易规模扩张、贸易类型转型进程加快以及出口的累积学习效应出现的影响。此外，在对出口国内附加值率的研究中，高翔等（2018）还肯定了要素市场扭曲带来的积极作用。

从资本流动和服务业开放与出口国内附加值率关系展开的研究。通过文献梳理发现，部分研究认为外资进入对企业出口国内附加值率的提升有显著的促进作用（毛其淋和许家云，2018；张鹏杨和唐宜红，2018），而王培志和孙利平（2020）、刘信恒（2020）则从本国对外投资角度出发进行了讨论，肯定了本国资本对外投资带来的积极影响。可以看出，外资的流入和内部资本的流出这两种资本流动现象对企业优化贸易结构、提高出口产品价值含量有积极意义。邵朝对等（2020）从外资参股角度进行了考察，以出口国内附加值率为分析对象，肯定了服务业开放的积极意义。这一结论也与其他学者的研究结果相同（龚静等，2019）或随后得到了其他学者的研究印证（杜运苏等，2021；张丽等，2021），姜悦和黄繁华（2018）进一步认为这一结果对资本密集型制造业出口国内附加值率的提升效果更优。

从集聚对出口国内附加值率带来的影响展开的研究。集聚包括产业集聚、经济集聚以及企业空间集聚等，通过文献梳理发现产业集聚带来的积极影响得到了多方证实，且这一结果主要是通过提高企业成本加成率和对进口中间品替代效应的增强实现的（邵朝对和苏丹妮，2019；张丽和廖赛男，2021）。李楠等（2021）针对长江经济带企业出口国内附加值率为研究目标，同样也肯定了经济集聚的意义。企业空间集聚也会影响企业的出口行为，企业空间集聚会通过中间品替代效应和资源再配置效应推动其出口产品价值含量的提升（闫志俊和于津平，2019）。

从数字化发展与出口国内附加值率变动关系展开的研究。随着数字化和网络化的快速发展，信息化交易模式逐渐在改变着传统企业的发展方式，以互联网为代表的数字化发展对企业出口国内附加值率的提升有积极影响，这一作用结果主要是通过提高企业的创新能力和全要素生产率来实现（戴美虹和李丽娟，2020）。企业贸易网络的构建对其发展带来的积极影响也得到了吕越和尉亚宁（2020）研究的证实，其肯定了行业集中度、中间品投入以及外资进入的重要作用。从国内和国外不同来源的数字投入分析，二者影响是存在差异性的，国内来源的数字投入相较于国外的，其对企业出口国内附加值率的提高有积极作用，与之相反，国外数字投入对企业出口国内附加值率有抑制影响（张晴和于津平，2021）。综上可以看出，数字化的投入可以提高企业出口产品的价值含量，这对提高企业在全球价值链的嵌入位置有积极影响。

除了从上述方面展开对出口国内附加值率的影响研究外，还有学者从国内市场发展潜力（韩峰等，2020；佘群芝和户华玉，2021）、技术的革新（郑亚莉等，2018；赵景瑞等，2021）角度出发进行了研究分析。此外，从政府角度出发，针对政府行为对企业生产变动的影响，也有学者做了非常有意义的探索，岳文（2020）以出口国内附加值率为分析对象，肯定了政府补贴的意义。刘玉海等（2020）则从税收激励的角度展开讨论，肯定了推进增值税转型对出口真实贸易利得的意义。

2.3 出口贸易发展与其影响因素关系探讨

2.3.1 环境规制对出口贸易的经济影响研究

有关环境规制对出口贸易影响的研究，目前所得的结论尚不统一。有学者通过分析认为，环境规制实施有助于推动一个国家或地区出口贸易的增长（童伟伟，2013；Roy，2015；Xu et al.，2016），但具体到环境规制工具的分析时，有学者做了详细区分，认为以市场手段为代表的可排放交易许可相较于以行政命令型为代表的政府干预，前者对企业总市场份额的增加影响效果更好（Mulatu et al.，1995）。而针对环境规制实施对不同环境类别的出口影响来看，克拉拉等（Clara et al.，2020）对优惠贸易协定（PTA）中的环境条款数量和质量变动带来的影响进行了分析，认为其有助于减少污染型出口，增加绿色出口。

此外，环境规制主体除了政府外，企业也是重要的治理参与者，因此从企业环境治理角度出发，探讨企业环境承诺对出口的影响也具有重要意义。穆罕默德等（Mohamed et al.，2021）以波兰家族企业为研究对象发现，其对环境问题的战略承诺有助于流程创新，而基于这一点又促进了企业出口强度的增加。与上述研究结果相反的是，其他学者通过分析认为，环境规制的实施并不利于企业出口行为的发生，其对企业出口规模存在抑制作用（任力和黄崇杰，2015；Hwang and Kim，2017；Zhang et al.，2020）。环境规制的负向影响应理性看待，不能盲目放弃推行（Weiss，1992），同样，通过放宽环境规制标准从贸易中获益的做法也并不可取（Grossman，1991；Harris et al.，2000）。除了上述研究结果外，还有学者存在不同意见，认为环境规制对企业出口的影响是正向还是负向需要综合各方面因素，不能单一而论（Alpay，2001；Duan et al.，2021）。

除了从企业出口规模角度展开分析外，还有学者从企业出口竞争力角度进行了深入剖析。斯科特（Scott，1994）认为，政府实施强有力的环境标准有助于企业出口竞争力的提高。但与之相反的是，部分学者担心环境规制会削弱企业出口竞争力（Walter and Ugelow，1979；Dong et al.，2015），这将不利于其在国际市场上展开贸易竞争。董敏杰等（2011）通过对中国制造业研究发现，环境规制使贸易部门的价格提高幅度控制在4%以内，这种影响是在制造业承受范围内的，所以针对环境规制对企业出口竞争力降低的影响不需要过度担心。也有学者以企业出口国内附加值为研究对象，考察了环境规制的影响，认为环境规制和企业出口国内附加值率提升总体呈现积极关系（王毅等，2019；杨烨和谢建国，2020；李楠等，2021）。

2.3.2 企业技术创新对出口贸易的影响

技术创新是推动企业发展的不竭动力，是决定企业出口产品在国际市场上获得竞争力优势的关键因素（Grossman and Helpman，1995）。在出口贸易中，本国企业面临与全球同类企业竞争的情形，依托于技术创新优势会使企业在国际市场上取得先动优势和竞争优势，从而有利于提高国际市场份额，因此，技术战略布局是决定企业出口绩效的重要因素（Bhat and Narayanan，2009），技术创新是驱动企业出口贸易的核心动力（张志强和张玺，2020）。针对企业技术创新行为，目前存在两种观点，一种是"污染天堂假说"的提出，另一种是支持"波特效应"的存在。"污染天堂假说"指污染型企业更倾向于建立环境监管和环境标准宽松地区。在"污染天堂假说"下，企业没有动力革新技术，转而会采取转移企业生产地的方式来逃避环境规制的约束。"波特效应"是指适度的环境规制可以促进企业创新活动的发生，从而能够有效地对增加的总成本进行"抵补"，增强企业竞争力进而实现盈利。

可以看出，在上述两种假说下，企业技术创新的发生与否是关键。而企业技术创新又与企业的生产和发展直接相关，并决定着企业出口贸易的变动，因此，针对企业技术创新和出口贸易关系的梳理十分必要。通过对国内外文献梳理后发现，部分学者通过研究认为，技术创新对企业出口行为具有积极影响，有利于增强企业国际市场竞争力（Wang et al.，2013；Conti et al.，2014；Hanife et al.，2018；汪发元等，2018；Bojaca，2020；Mazzi and Foster，2021；李强，2021），但这一结果因地区差异会产生异质性（谢孟军和周健，2013）。其中，贝克尔和艾格（Becker and Egger，2013）、胡小娟和陈欣（2017）都肯定了自主创新对出口贸易的正向影响，且均认为自主创新带来的积极效果更好。

针对中国向贸易高质量发展目标的推进，也有学者对创新活动带来的中国贸易转型发展的可能进行了分析，认为技术创新是有利于促进中国加工贸易转型发展的（孙杭生，2009；毛其淋，2019）。曹玉平（2021）展开了进一步的深入研究，认为低端创新对中国加工贸易的升级没有影响，而中端创新和高端创新则都能够促进中国加工贸易的升级，且高端创新带来的效果最优。与这一研究结果持不同意见的是，凯瑟琳（Katharine，1998）认为，创新活动对出口贸易存在抑制作用。而马尔克斯和马丁内斯（Marquez and Martínez，2009）认为，技术创新与出口贸易存在非线性关系，通过研究发现二者具有"U"型关系。

2.3.3 市场发展对出口贸易的影响

针对市场发展对出口贸易的影响，通过对国内外文献的梳理和总结，目前主要从整体市场发展和中间品市场发展两个角度展开研究。针对整体市场的发展而言，又分为国内市场和国际市场两类。有学者通过分析认为，国内市场潜力的发展对企业出口贸易扩张有积极影响（Weder，2003；赵永亮等，2011）。随后，本土市场的发展对出口的积极效应也得到了克罗泽和特里昂菲蒂（Crozet and Trionfetti，2008）的印证。欧阳等（Ouyang et al.，2015）从国际市场发展切入进行探讨，认为国际市场潜力的扩张能够促进中国国内企业的出口，但对企业利润存在负向影响，这一结果源于其利润主要来自国内市场，但对利润的抑制作用会随着企业生产率的提高而弱化。陈媛媛（2012）认为，市场潜力较小且存在市场分割时，市场潜力的缩小会导致企业出口贸易处于被动局面。与之不同的是，马（Ma，2015）认为，市场分割的存在会导致国内巨大的市场需求无法利用，从而迫使企业退出内部市场，但这转而又会刺激出口贸易的增长。

从中间品市场的发展来看，进口中间品技术的溢出有助于出口产品创新的实现（纪月清等，2018），这对于企业取得竞争优势从而扩展国际市场份额提供了支撑。进口中间品市场的扩张对企业出口贸易的发展会有显著的积极影响（Bustos，2011；Bas，2012；耿晔强和史瑞祯，2018）。对中国来说，以计算机等为代表的技术密集型行业对进口中间品依赖度较高，在中美贸易摩擦背景下，受到美国对中国出口贸易管制的冲击，中国出口中源自这些地区的进口增加值占比低于流出占比（李真等，2021）。由于出口产品质量可以在一定程度上代表一国的生产力水平，这间接影响着企业在国际市场上的声誉，进而会对企业出口贸易产生辐射影响，因此，从对出口产品质量的影响来看，技术复杂度较高的中间品进口的扩张有助于促进企业学习效应的实现，进而提高出口产品质量（Levchenko，2008；Shepherd and Stone，2012；Bas and Strauss，2015；邓国营等，2018），这对企业出口会产生积极影响。

2.3.4　政府补贴对出口贸易的影响

政府补贴属于再分配的一种政策，政府通过税收、转移支付以及对特定目标进行经济支援的手段来展开（Miriam and Brian，2013）。实施补贴的主体是政府，其主要依托财政支出作为支撑（王光，2021）。也就是说政府通过经济方式来施加或调节其对企业行为的干预，以引导企业向符合社会长远发展目标的方向进行转型发展。通过对国内外文献梳理发现，以政府补贴为代表的政府投入有助于促进企业出口贸易的发展（Sourafel et al.，2009；Helmers and Trofimenko，2010；Cerqua and Pellegrini，2014；邢斐等，2016；Nawaz et al.，2019；Li，2020）。伯纳德和詹森（Bernard and Jensen，2004）研究发现，政府补贴对企业出口影响效果并不显著。这一结论随后得到了哈克（Haque，2007）的支持。从政府补贴对出口产品质量的影响来看，张洋（2017）、唐丹丹和唐姣美（2019）认为，前者对后者存在积极的促进作用。但张杰等（2015）持相反观点，认为补贴反而会对其产生抑制作用。胡国恒和岳巧钰（2021）持不同意见，通过研究后发现政府补贴通过产品转换率对出口产品质量施加影响，且二者存在非线性关系，与低度补贴或过度补贴相比，适度补贴有利于促进出口产品质量提高。

2.4　文献述评

通过对大量国内外文献的详细梳理可以看到，当前单方面考察环境规制和企业出口国内附加值率的学术研究十分丰富，从内涵界定、指标选取、测算以及影响因素等方面对上述主题进行了多样化的分析。就环境规制和出口贸易关系而言，目前对二者关系的定论尚存在争议。为了进一步对影响出口贸易变动的因素进行把握，从企业、市场及政府三个视角出发的文献梳理可以看到，目前对企业技术创新行为带来的积极影响基本已达成共识，对市场扩张特别是中间品市场扩张带来的对企业出口规模、出口竞争力以及出口产品质量等的影响进行了多方位的讨论。此外，以政府补贴为代表的政府投入的出现对外贸的影响也存在差异化结论。

可以看到，既有研究对环境规制、出口国内附加值率以及环境规制下外贸发展的变动趋势有着较为翔实的讨论和深入的剖析，总结之后发现既有研究的成果有以下特点。首先，环境规制研究内容不断深化。国内外学者对环境规制出现的理论支撑分析、治理主体类别区分以及进一步对行政命令型环境规制内涵和指标选取的讨论都不断丰富着环境规制领域的研究。针对行政命令型环境规制，现有研究主要集中在对其指标选取的讨论上，包括从政府"自上而下式"管理和地区"自下而上式"反馈两个角度对相关指标的选择，前者主要是以环境行政处罚案件数量为代表的四类具体指标选择的运用，后者主要是以地区环境污染现状数据为基础的指标选择。

其次，出口国内附加值率研究边界不断拓展。出口国内附加值率概念出现较晚，但相关研究发展速度很快，目前主要集中在对其指标的测算以及不同影响因素的探究上。指标测算主要基于不同数据库的应用并结合不同测算方法展开，影响因素的研究从以最低工资调整为代表的企业内部的变化到以金融约束为代表的企业外部环境变化的讨论，大大拓展了出口国内附加值率的研究边界，为探索多样化的出口真实贸易利得提高途径提供了理论和经验参考。

最后，出口贸易影响因素的多维角度讨论的推进。当前环境规制对出口贸易的经济影响尚存在不统一的研究结果。从不同社会主体出发考察其对出口贸易的影响成为诸多学者研究的聚焦点，学者们从企业、市场和政府全方位角度展开了相关分析，丰富并完善了多维角度下的研究，架构起了不同主体与出口贸易的互动和反馈影响的框架。

　　通过对国内外相关文献的梳理和总结不难发现，环境规制和出口国内附加值率相关研究的丰富对推进中国环境规制进程以及加深对中国出口真实贸易利得的认识和评估提供了坚实支撑。虽然已有研究已经得到了快速的拓展和完善，有关环境和贸易的研究也有较大的进展，但客观来看，针对研究现状仍存在着以下亟待补充和完善的地方。

　　首先，环境规制对中国出口贸易利得的影响需要重新评估。一方面，环境规制带来影响的评估方式需要进行完善，目前不论是通过面板回归采用单一或综合指标测度环境规制，还是通过双重差分法（DID）选取政策冲击进行环境政策的效果评估，其分析结果都存在一定局限性，难以排除其他因素对目标对象的干扰且同时确保环境规制工具全面包含的地区环境信息。另一方面，出口国内附加值率是目前衡量一国出口真实贸易利得较为准确的指标，以出口规模来度量中国出口贸易真实情况易导致评估结果被高估。鉴于此，本书通过构建环境规制综合指标，并结合政策冲击的准自然实验以及经卫星灯光矫正后的环境其他指标替代等诸多变量选取方式和估计方法，以出口国内附加值率为研究对象，考察环境规制对中国出口真实贸易利得的影响，以期客观地和更加科学地评判环境规制对贸易的影响，提高环境规制对中国出口真实贸易利得影响评估的准确性。

　　其次，从企业、市场和政府多维角度切入，针对环境规制下不同主体行为变动对出口国内附加值率的影响进行传导机制识别和分析。目前集中于环境规制对出口国内附加值率影响的研究较少，而仅有的研究也都是从企业角度出发探究上述影响的内在传导途径，包括企业全要素生产率、成本加成和中间品使用比的变动等。环境规制属于政府行为，企业出口国内价值的变动是企业行为，宏观政府行为对微观企业行为的影响又需要通过市场进行作用和传导，因此，应当从更广阔的微观企业、中观市场以及宏观政府出发，将三个维度的变化和传导途径纳入分析框架，为深入且全面剖析环境规制对企业出口国内附加值率变动影响的内在机制提供多维角度参考和经验支持。

　　最后，针对环境规制对出口贸易的影响，大部分研究集中在全国、省级或地级市层面数据展开，而出口贸易的构成主体是微观企业，因此有必要从微观层面探究环境规制带来的冲击影响。宏观层面考察环境规制对制造业出口真实贸易利得的影响会产生一定偏差，且所得结论对微观层面的适用性也存在一定质疑。因此，本书从微观层面出发，针对微观企业对环境规制实施的真实反应展开分析，且为了确保样本容量进而提高评估结果的准确性，本书尽可能地将合格样本纳入分析中，为识别宏观政策带来的微观影响提供更为翔实的基础支撑。

第3章　环境规制提升企业出口国内附加值率的理论分析框架

3.1　环境规制与企业出口国内附加值率关系的理论分析

3.1.1　环境规制提升企业出口国内附加值率的协调发展解释

政府环境规制的目标是企业，针对企业行为产生的环境负外部性影响进行严格约束，这一外部约束措施的实施会改变企业生产行为，进而对企业出口产品国内价值含量产生冲击。环境规制旨在改善环境质量，但间接地也改变着经济系统中微观主体的经济活动，这又对出口贸易的发展联动地产生着传导影响，因此环境保护与贸易发展存在着紧密联系。对环境规制与出口国内附加值率关系的分析本质上等同于对环境高质量发展与贸易高质量发展关系的分析。环境规制旨在改善地区环境现状从而达到提升环境质量的目的，维持高质量环境发展状态是环境规制实施的意义所在。贸易高质量发展反映了贸易"增量"和"提质"的统一（马林静，2020），其不仅反映在规模扩大上，还将在中国特色社会主义新时代下全球价值链位置的提升（戴翔和宋建，2018）、贸易结构的优化、创新动能的激发以及贸易区域协调联动发展等都作为对贸易质量提高的新要求。提升贸易发展质量就是需要大力推动产业链升级等，而促使产业链高端化的途径之一就是实现企业出口国内附加值率的提升（蔡承彬，2018）。因此，对环境规制和企业出口国内附加值率关系的研究本质上是对环境高质量和贸易高质量关系的研究。

首先，环境保护要求改善当前环境状况并增加环境供给，扩容社会环境承载力，在实现这一目标过程中推动整体社会帕累托改进是最理想的状态，即环境保护目标的实现不以牺牲贸易竞争力为代价，不损害地区经济发展是博弈的最优策略，从而在环境供给数量和贸易发展数量上实现动态平衡。其次，在环境规制背景下实现地区环境质量的改善是终极目标，而维持高质量环境状态需要从根本上转变经济发展方式，这有助于推动出口贸易以价格为竞争优势向以技术和质量为竞争优势的转变，即高质量环境状态与贸易高质量发展实现动态平衡。最后，政府环境规制的推进表明中国采取更为积极和主动的治理措施对环境进行干预，这与改革开放初期以经济发展为主的背景下，走"先污染，后治理"的被动路径有着本质区别，环境规制方式的转型也代表着中国发展方式的转型，即开始摒弃"粗放型"发展方式，而发展方式的转变需要建立在技术发展、生产力水平提高等的基础上，这对于以"制造业大国"著称的中国向"制造业强国"迈进有积极助益，因此有利于推动环境规制方式转型与贸易发展转型实现动态平衡。

（1）环境容量提高与贸易出口增加的统一。环境污染的出现源于企业排污的不设限，对于不承担外部治污成本的企业而言，理性经济人假设会使其通过牺牲环境最大化地追逐利润，而这一行为反过来再次恶化了地区环境。因此，环境规制针对的目标就是企业，通过约束其不合理的生产行为，"倒逼"企业进行生产整改以使其发展符合环保考核要求。在大力推动环境现状转好的过程中，即地区环境供给数量增加和环境承载力得到扩容，同时企业生产方式也在完善，也就是说推动环境供给增量出现的同时，意味着企业生产率也得到了提高，其产品生产能力和出口竞争力随之增强，出口贸易增量最终也在发生着变化。企业生产方式的调整一方面有利于降低其生产对环境的负外部性影响，加速环境自净能力的提高从而实现环境供给增量的出现，另一方面也推动了企业生产率的提高，有助于出口产品产量扩张从而推动出口贸易增加的实现。因此，从数量变动角度看，环境高质量发展和贸易高质量发展存在协调、统一关系，即环境规制与企业出口国内附加值率提升存在协调发展的积极关系。

环境供给增多并不意味着要以牺牲经济增长、贸易发展为代价。环境容量提高的实现若牺牲掉贸易发展，长此以往经济社会只能实现可持续目标，而非可持续发展目标；若贸易增量的实现以牺牲环境容量提高为代价，同样也只是实现了发展目标而非可持续发展目标。因此，推动环境容量提高和贸易出口增加平衡发展的有机统一，就是坚持环境保护和经济发展关系平衡的关键。宏观环境规制最终需要作用到微观企业层面上，面对环境规制，清洁型企业的快速发展能够引领行业变革，在绿色产品获得先动优势的引导下，污染型企业会加速绿色生产的转变，重污染夕阳企业会退出市场竞争，由环境规制引起的整个市场竞争格局的调整对中国制造业在国际市场上竞争力水平的提升有积极助益，即在实现环境供给增加背景下，出口贸易增量也会提升。

在环境规制背景下企业为了满足环保考核要求和获得绿色产品市场的先动优势，会加快技术革新速度，生产力水平的提高有助于促进产品产出数量和种类的增多，这为企业获得一定的价格优势和竞争优势从而占据更多市场份额提供了可能。产品数量和种类的增加引致了企业对中间品需求的上升，与进口中间品相比，企业技术革新所获得的中间品价格优势和种类竞争优势促使对进口品"替代效应"出现，这直接推动了出口国内附加值率的跃升，产品竞争力的增强为出口市场的扩大奠定了基础，也就是说环境容量提高与贸易出口增加实现了统一。

（2）环境质量与贸易质量的协调。环境质量提升从源头上看需要改变企业生产方式，规制企业经济活动对环境的负外部性影响，从源头上约束排污水平。企业生产方式转变依托于企业技术创新的实现，随着生产率水平的提高、资源利用效率的提升，从需求端看企业节约了要素资源的投入，从产出端看企业提高了要素资源的利用率，两方面的共同作用确保了环境保护和经济发展同时实现的可能。企业生产力水平和要素利用率的提高一方面推动着其排污水平的下降和向清洁型绿色生产的转型，有利于其达到地区环境保护考核要求，从而促进地区整体环境质量的提升。另一方面,企业生产力水平的提高意味着产品技术复杂度的增加,有助于实现出口产品价值含量和质量的跃升。因此,从质量变动角度看,环境高质量发展和贸易高质量发展存在协调、互融关系,即环境规制与企业出口国内附加值率提升存在协调发展的积极关系。

环境规制下企业需要完成技术革新和设备的升级、改造以符合环保考核要求,在对污染源头即企业排污的重点治理下,由于扭转了企业不合理的发展方式,从地区长远发展看,环境质量从根本上实现了转变,即环境质量从动态发展角度看处于上升趋势。环境质量的提高来自微观企业生产方式转变的支持,也就是说实现地区环境质量改善不可避免地需要依托企业先进的生产作为支撑。进一步地,要实现高环境质量状态的可持续性,等同于要实现企业先进生产的可持续性,在这一关系下可以认为环境高质量状态是企业高质量生产的外部引导标杆,而企业高质量生产是实现环境高质量状态的基础支撑。因此,环境质量的提高和贸易质量的提高紧密依存。

改变低端的中国制造现状并实现向制造业强国转变需要依托产品创新、质量以及品牌效应的提升。作为理性经济人,企业参与到环境保护中是为了确保自身生产和出口贸易活动可以继续,在这一过程中企业会大力改善落后的生产方式,提高技术创新投入,出口企业在国际市场上依赖低廉的价格竞争逐渐转变为依靠技术和质量优势展开竞争。环境规制"倒逼"企业技术革新、推动生产效率的提高,有助于节约企业生产成本以及促进国内中间品种类的增加,实现企业出口国内附加值率提升,从而推动出口企业依靠价格优势转变为技术和质量优势,实现环境质量与贸易质量协调推动、共同提升的情形。

(3)环境规制转型与贸易发展转型的一致。政府环境规制的实施代表着政府对地区环境质量改善的重视,这区别于早期中国经济基础薄弱背景下的环境规制方式。随着改革开放的推进,中国发展重心开始转移到经济建设上来,此时对于环境保护采取"先污染,后治理"的路径,可以看出这一时期中国环境规制属于被动治理。随着党的十八大召开,生态文明建设被纳入社会发展总布局中,再到党的十九大提出要加大优质生态产品供给，这为中国生态文明建设和绿色发展路径指明了具体路线，可以看出政府由被动型治理开始向主动型治理转变。

　　由被动治理向主动治理的转变存在着两方面含义，一方面，表示环境规制转型开始出现，政府对环境质量的重视提高到了新的高度，积极主动介入并参与到环境规制中从而推动环境质量的有效改善。另一方面，政府对环境规制主动性的增强也意味着其开始统筹区域环境保护与经济增长、贸易发展的关系，反映了地区对当前经济和贸易发展方式亟须完善的需求，表示政府对企业走高污染、低附加值生产以及通过牺牲环境换取发展方式的否定，因此，环境规制转型直接关联到贸易发展转型。政府积极主动地进行环境规制会使地区整体生产方式得到调整，区域高污染但低附加值的产出会受到极大约束。在环境规制不断推进的同时，依靠廉价的原材料投入并伴随着高污染产出来驱动出口的传统贸易发展方式也发生着转变，即高污染特点的贸易会被绿色贸易取代，低附加值特点的贸易会被高附加值贸易取代。因此，从转型发展来看，被动环境规制向积极主动的环境规制转变与地区传统贸易发展方式向绿色、高附加值贸易发展转变存在协调、一致关系，即环境高质量发展与贸易高质量发展、环境规制与企业出口国内附加值率提升存在一致发展的积极关系。

　　政府对环境的主动干预代表着其对地区环境改善的期望，而对环境污染的源头即企业生产方式的忽视会限制环境规制的成效，因此政府对环境规制的积极推动势必会促进企业生产方式变革，进而推动地区贸易发展方式改变。中国出口贸易一直以来是依赖大量低廉资源的投入并伴随着本地污染的加剧来换取收入，以高技术复杂度和高产品质量等为核心的贸易发展方式的转型是决定地区贸易高质量发展的重要因素，同时也是决定地区环境改观、区域绿色循环和可持续发展目标实现的基础支撑。因此，环境规制的转型与贸易发展的转型紧密相连。

　　政府对环境规制的重视会使其通过经济、行政以及法律法规等手段对环境发展进行支持，具体的其可以通过财政对地区和企业的绿色支出来促进其转型发展，通过优惠的政策对向绿色发展转型的企业进行倾斜支持，通过法律、法规和标准的制定为地区绿色循环发展提供优良的外部环境支持。由于环境规制对企业成本会产生一定冲击，因此政府对地区和企业绿色资本投入、政策等的支持会直接减轻企业治污成本负担，起到加速企业技术革新、提高产品国内价值含量的目的。因此，政府环境规制由被动型向主动型的转型与贸易由高污染、低附加值向绿色、高附加值转型存在一致性。

3.1.2 环境规制提升企业出口国内附加值率的多维度分析基础

环境规制提升企业出口国内附加值率存在诸多途径，影响途径的科学选取是决定对二者关系深度和准确分析的关键，因此，本书在此对不同维度选取的理论基础展开分析，以期对企业、市场和政府三个角度切入展开的影响机制分析提供维度选取的逻辑支撑。

本书以政府为主的行政命令型环境规制对企业层面出口国内附加值率的影响为主题展开分析，政府措施的实施对企业行为的影响等同于宏观政策对微观主体的影响。首先，针对微观主体而言，其是行政措施最终的作用对象，是对决策反馈最直接的目标主体，决定着行政措施效果的核心元素，因此，从微观层面出发探讨环境规制对企业出口国内附加值率影响的传导途径可以为二者关系的探究提供坚实的微观基础，并为从微观企业内部视角剖析做了翔实补充。根据"波特假说"，企业应对环境规制的方式会聚焦在技术创新上，因此，本书从微观层面出发探讨企业技术革新的传导机制影响。

其次，针对中观市场变动而言，政府措施对企业生产的影响需要通过市场传导才能实现。行政措施会对市场上生产要素、中间品等供给产生影响，这些要素通过市场调节和配置最终会体现在企业生产采购上。同时，在政府措施实施背景下，企业生产的调整也会影响到市场上生产要素、中间品等需求的变动。在供给和需求的共同作用下，政府措施实施对市场结构的变动会产生显著影响，且通过市场结构变动最终传导到企业上，因此，中观市场是行政措施调节企业活动的重要中介场所。根据企业出口国内附加值率的计算方法可知，国内中间品投入是决定企业出口国内附加值率的关键因素，鉴于此，本书从中观层面出发探讨国内中间品市场扩张带来的内部传导的影响。

最后，针对宏观政府行为而言，政府实施环境规制表示政府层面开始重视地区环境保护，意味着政府开始参与到环境规制的进程中来。由于环境质量的改善是以社会整体环境的改善来衡量，因此政府的环保参与势必会对企业的环保措施投入有着积极的"辐射"影响，在这一背景下，宏观政府的环保参与可以被视为影响企业经济活动的重要外部力量。在宏观政府外部行为介入下，政府措施实施对企业行为的影响效果会间接受到政府介入的影响，即政府措施实施会通过对政府自身行为的调整来对企业行为变动施加影响，因此，政府宏观行为的变动是政府行政措施对企业生产调整影响的重要支撑因素。环境规制会造成企业治污成本的出现从而使其总成本增加，这引致的在国际市场上企业价格优势的丧失与出口贸易高质量发展存在矛盾，而政府绿色投入的增加对缓解这一矛盾有积极助益。因此，本书从宏观层面出发探讨政府绿色投入发展带来的内部传导影响。

3.1.3 环境规制与企业出口国内附加值率关系的逻辑框架构建

通过上述理论分析可知，对环境规制与企业出口国内附加值率关系的探究就是对环境高质量发展和贸易高质量发展关系的探究，也就等同于对环境效益和经济效益关系的探究。本书基于前文变量选取标准和相关理论分析，从环境效益和经济效益两个角度出发，对环境规制影响制造业企业出口国内附加值率变动的内在逻辑进行分析。同时，结合环境效益和经济效益相关分析，引入环境高质量发展和贸易高质量发展关系讨论，并从微观企业反馈、中观市场作用和宏观政府决策三个方面对上述研究的实现路径展开论述，以期对环境规制与企业出口国内附加值率发展的关系进行全域视角解释，为厘清宏观政策对微观企业作用的内部

"黑箱"运转方式和逻辑提供一定的理论借鉴和经验参考,具体的分析思路和框架构建如图 3 - 1 所示。

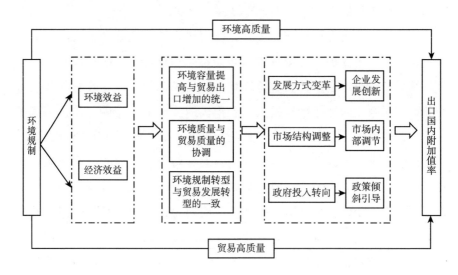

图 3 - 1   逻辑框架构建

从图 3 - 1 中可以看到,环境规制会对地区环境和经济发展同时产生影响,这一作用结果会通过对应的环境效益和经济效益表现出来。从环境效益看,环境规制的目的是提高整个社会的环境质量,在环境规制的推动下,会出现整体资源投入的节约从而促进生态环境供给量的增加。同时,随着政府对环境规制重视度的提升,从政府到企业社会各方面都会投入到环保事业建设中,加速了地区环境质量改善,有助于推动环境整体承载力的扩容。资源投入的节约表示企业依靠廉价原材料大量投入的生产模式的终结,而在环境承载力扩容的实现过程中,政府和企业行为会持续出现调整、完善,政府和企业行为的变动又会通过市场进行作用,因此在政府、市场和企业三方作用下,最终企业出口国内附加值率会发生积极改变。从经济效益看,环境规制会约束企业不合理的生产行为,加速企业进行生产方式调整,促使其由粗放型向集约型方式转变。在生产方式调整下,资源利用率得到了提高,同时生产力水平也会出现提升。上述经济效益的实现有助于出口产品技术复杂度的增加,从而促进企业出口国内附加值率的跃升。

　　环境规制会推动环境效益和经济效益的共同实现，这两种效益的实现是存在紧密联系的，可以认为二者存在平衡发展关系。环境规制目标是实现环境效益，但环境效益的实现需要依托经济效益的实现。资源节约和生态环境承载力的扩容需要建立在对资源利用效率和生产力水平提高的基础上，这对于减少资源投入、强化生态环境自净能力从而提高环境承载力有积极意义。因此，环境规制下环境效益和经济效益可以实现统一。环境效益和经济效益的统一发展表现在数量增加的统一性、质量提升的协调性和转型发展的一致性三个方面。具体表现为，环境供给和贸易出口数量增多的统一、环境质量提高和贸易高质量发展的协调以及环境规制向主动型转型和贸易向高质量发展转变的一致。

　　环境规制下环境效益和经济效益可以协调发展，二者协调发展的内核表现在环境和贸易发展的数量层面、质量层面和发展转型层面的协调，而对于环境高质量发展和贸易高质量发展协调关系的持续推进需要企业、市场和政府三方积极参与。企业技术创新引发的发展方式变革是推动地区环境要素供给增多和扩大出口市场的重要因素。国内中间品对进口中间品替代性的强化引致了中间品市场结构的调整，意味着国内中间品生产提高了技术复杂度，绿色且高技术生产的实现有利于环境可持续发展和出口产品价值含量的提升。政府对地区和企业绿色投入增加的引导有助于降低企业治污压力、加速其技术创新，从而提高包括政府在内的各方对环境治理主动性的强化，推动贸易发展摆脱高污染但低附加值的发展方式，实现环境高质量与贸易高质量协调关系的推进。

3.2　多层次视角下环境规制提升企业出口国内附加值率的机制剖析

3.2.1　环境规制通过企业行为变动提升出口国内附加值率

　　环境规制与企业出口国内附加值率提升存在协调发展的可能，那么，二者平衡关系是如何实现的？这就需要对其影响机制进行深度剖析。由于环境规制涉及各方经济主体，因此本书从企业、市场和政府三个维度出发，考察环境规制是如何通过上述三类主体行为的变动对企业出口国内附加值率提升产生积极影响，这里侧重分析三类主体在二者协调关系的实现中所发挥的作用和扮演的角色。

环境规制是对微观企业生产带来的负外部性进行约束，其治理的目标对象是企业。面对环境规制，企业行为势必会进行调整，因此从企业层面切入，探究环境规制是如何通过企业行为的改变对出口国内附加值率进行传导影响十分必要。环境规制会"倒逼"企业加速技术创新以满足环保考核要求，企业之所以排污过量源于其低效生产方式的使用，"粗放型"生产方式主要依赖生产资料的累积投入推动产出，由于这一方式对技术要求较低且中国又是以加工贸易为主，因此，它是企业发展的首选方式。在面对环境规制时，这一方式下的生产模式无法维持，企业会主动或被动地选择生产资料投入少但利用率高、技术复杂度较高的"集约型"生产方式进行生产活动，一方面新的生产方式可以满足清洁型生产要求，另一方面也能够推动企业生产活动的继续，因此在环境规制背景下企业技术创新动能会被极大地激发。技术创新在环境规制和出口国内附加值率关系中的传导作用具体如图3-2所示。

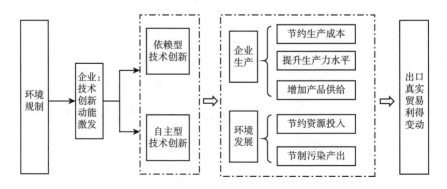

图3-2 环境规制下企业技术创新动能的激发与出口国内附加值率关系分析

从图3-2中可以看出，环境规制与企业技术创新动能的激发存在积极关系，对于企业而言存在两类技术创新需要其抉择，一类是依赖型技术创新，与之相对的另一类是自主型技术创新，前者以企业固定资产投入的增加为代表，后者以企业研发投入的增加为代表。环境规制带来的积极影响在两类技术创新动能的激发上得到了印证，但相比于自主型技术创新，企业依赖型技术创新受到的影响更为显著。这是由于技术创新具有一定风险性和不确定性，理性经济人会极大地规避风险以寻求稳定的回报，自主型技术创新研发投入较大、研发周期相对较长且创新结果具有不确定性，而中国规模较小且资金实力较弱的出口企业特别是加工贸易类型的企业，是无法参与到这一类型的技术创新活动中的，因此其会倾向于更新生产设备即选择依赖型技术创新来满足环保和生产要求。鉴于此，环境规制背景下依赖型技术创新相对而言发展效果更好。

企业技术创新活动的出现不仅会对企业生产带来一定影响，也会对地区环境的发展发挥作用。从对企业生产来看，技术创新的实现有利于节约企业成本。技术创新导致企业生产率的提高，从降低生产资料和员工投入以及生产的其他费用等来看有利于推动企业总成本的下降。同时，技术创新也提升了企业劳动生产率，企业技术革新的实现等同于其生产力水平的提高，因此技术创新对企业生产力水平的提高有直接的正向影响。此外，生产率水平的提高使产品市场上数量供给增加，而技术的发展使得产品种类的多样化成为可能，因此种类供给也会得到增加。从对环境发展来看，技术创新改变了依靠要素投入的生产方式，可以充分利用有限的资源来推进生产，从源头看这大大节约了资源投入量，有利于维持社会环境供给水平。同时，技术创新也提高了企业的治污水平，有利于提高其废水、废气等危害环境因素的处理量从而实现更高的达标率，因此节制了企业污染的产出。企业技术创新的实现对维护社会生态发展和强化绿色产出有积极助益，技术革新可以降低对生态环境的破坏，间接地增加了社会环境供给量，而绿色产出的增加又带动了可持续循环经济的发展，这为环境自净能力和承载力的恢复提供了强有力的外部支撑，辅助性地促进了环境发展。

环境规制促进了企业技术创新，特别是对依赖型技术创新有更显著的影响。从企业内部生产来看，技术革新降低了企业总成本并提高了生产力水平，而成本和生产力水平是制约企业发展的重要因素，成本的控制有利于避免对研发支出的"挤出效应"，生产力水平的提高促进了产品内技术复杂度的增加，从而使得环境规制有利于提高产品的国内价值含量，因此环境规制通过促进企业技术创新推动了企业成本的降低和生产力水平的提升，有助于实现出口国内附加值率的跃升。环境规制下技术创新对产品数量和种类增加的积极作用使得产品供给量充足，有利于推动要素、中间品等价格的下降，而种类的丰富使企业在国内市场上选择性更大，促进了国内产品需求的增加，有助于促进出口国内附加值率的提升。企业创新发展带来的"学习效应"和清洁型发展模式的"溢出效应"等会加速地区清洁型企业的集聚，集聚带来的积极效果反过来进一步加速了企业交易成本的降低和技术革新，在提高出口产品国内价值含量上有积极助益。综上所述，环境规制通过对企业技术创新动能的激发从而促进了出口国内附加值率的跃升。

3.2.2 环境规制通过市场结构调整提升出口国内附加值率

宏观政策要对微观企业产生作用，需要通过市场进行传导和调节，因此市场作为重要的中介交易平台，考察环境规制对市场结构变动和企业出口国内附加值率的影响十分必要，从市场层面切入进行影响机制分析有助于深入剖析中观层面在宏观政策对微观主体行为影响过程中发挥的作用，以及为进一步完善市场发展提供参考和借鉴。环境规制和企业技术革新积极促进关系的实现，有助于提升国内整体生产力水平，这使得国内中间品技术复杂度也同步得到增加，提高了国内中间品的国内、国际市场竞争力。对国内市场而言，由于国内中间品在技术上具有一定的竞争优势，因此对进口中间品的"替代效应"加强，有利于扩充国内中间品在国内市场上的份额。对国际市场而言，出口国内中间品价值含量的提升增强了其与同类国际产品的竞争力，有利于其拓展国际市场份额。因此，环境规制有助于推动国内中间品市场规模的扩张，并通过国内中间品市场的变动对企业出口真实贸易利得的增加施加积极影响，具体传导机制如图 3 - 3 所示。

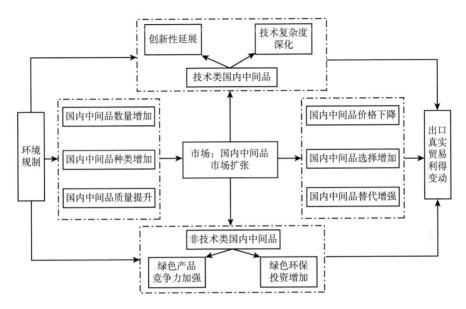

图 3 - 3 环境规制下国内中间品市场变动与出口国内附加值率关系分析

环境规制下企业技术创新的出现促进了国内中间品数量、种类的增加和质量的提升。技术革新活动的出现意味着企业生产率得到了提高，使国内中间品供给量大大增加，从数量上充沛了这一市场。而创新代表着产品种类的边界得到了拓展，使市场上国内中间品多样性的实现成为可能。同时，技术水平的提高也为产品价值含量和质量的提升奠定了坚实基础。环境规制在对国内中间品数量增加、种类扩张和质量提升的积极影响下，也改变着中间品的市场结构。数量的增加有助于推动产品价格的下降，相对进口中间品在价格上可获得竞争优势从而提高市场竞争力。同时，国内中间品种类的增加使企业在国内市场上选择性增多，提高了其对进口中间品替代的可能。此外，国内中间品质量的提升意味着其技术含量的增加，使得此前依赖于进口中间品的企业此时可以选择国内中间品进行替代。综上来看，环境规制下中间品市场结构的变动和产品间"替代效应"的实现，对企业出口真实贸易利得的提升产生了积极影响。

环境规制对国内中间品市场扩张的积极影响对不同中间品类别而言会产生差异性。对于技术类的国内中间品市场来看，在环境规制下技术革新发展会对技术类产品产生直接影响。其以技术密集型为导向，依托技术创新和发展获得市场竞争优势，对这类产品而言，技术革新将企业产品的外部创新性进行了延展，同时将企业产品的内部技术复杂度进行了深化，其从外部和内部、广度和深度两个方面对技术类国内中间品产生着积极影响。技术创新所夹带的价值增量往往较大，因此对于技术类国内中间品来说，环境规制对其的影响效果更好。对非技术类国内中间品而言，其是以劳动和资本密集型为主，环境规制带来的影响表现在两个方面，一方面，生产非技术类国内中间品的企业采用清洁发展方式后会强化其产品的绿色特征，从而加强绿色产品的市场竞争力；另一方面，环境规制下企业会重视对绿色环保产品方向的投资，使得这一方向的市场扩容出现可能。因此，环境规制也有利于非技术类国内中间品市场的扩张。综合分析看，环境规制有利于推动国内中间品市场的扩张，特别是对技术类国内中间品市场扩张效果更好。

3.2.3 环境规制通过政府投资参与提升出口国内附加值率

政府实施环境规制表示从政府层面开始对地区环境质量的重视，也意味着政府开始积极地参与到地区环境治理进程中来。政府积极主动地进行环境规制表示其会采取相应措施介入地区环境的治理中，那么从政府层面出发针对政府行为的改变对环境规制带来的企业出口国内附加值率影响的传导机制剖析就十分关键，这对掌握政府在环境规制和企业出口贸易中发挥的作用和角色以及完善政府治理行为有积极的参考意义。环境规制势必会增加企业治污投资，提高企业的总成本，对当前以低价格的比较优势获得市场份额的中国出口企业而言会产生较大冲击，企业如何在环境规制下突破成本压力从而实现贸易的高质量发展成为平衡环境保护和贸易发展关系的关键，环境规制与贸易高质量发展间可能存在"悖论"，因此从政府行为变动角度出发展开详细分析有助于为破解这一

困境提供新的路径参考。政府绿色投入在环境规制和企业出口国内附加
值率变动关系中发挥的中介作用如图3-4所示。

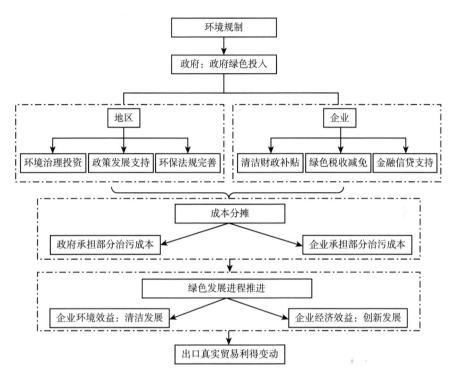

图3-4 环境规制下政府绿色投入发展与出口国内附加值率关系分析

政府作为重要的社会主体之一，其行为和活动也会直接影响区域的
发展。政府实施环境规制，即政府开始利用行政方式介入地区环境发展
中，说明政府不仅是以引导者的身份管理社会运行，更是参与其中并充
分发挥自身作用来对环境转变施加影响。在这一背景下，宏观层面环境
规制的实施同时会加速推进政府对地区环境的介入，释放政府角色的相
关影响力。对政府而言，为了达到环境规制的良好效果，会全方位地参
与到环境规制中，通过实施与绿色环保有关的措施来大力推动治理进程，
具体地，主要通过对两方面的介入来进行，分别是对地区绿色环保投入
的增加和对企业绿色环保投入的增加。通过图3-4可以看到，针对政府
对地区绿色环保投入来看，政府会从经济、行政和法律角度来对地区施

加影响，从经济角度来看，环境规制会促进政府环境治理投资额的增加，使其对环境基础设施建设、污染物处理费用等加大投资力度；从行政角度来看，环境规制会使政府推行有利于绿色发展的政策，通过政策的倾斜和支持来促进地区环境发展；从法律角度来看，政府会完善地区法规和标准等，为推进环境规制提供完善的外部依据参考。对企业而言，环境规制会促进政府对企业绿色补贴的增加和税收的减免，一方面加大对企业向清洁发展转型的财政支持，另一方面通过税收方式对企业绿色发展进行税收减免支援。同时，鼓励金融机构为企业创造宽松的绿色信贷环境，加速企业转型。在环境规制下，政府会从各方面增加对地区和企业的绿色投入以促进整个社会绿色循环、可持续发展目标的尽快实现。

环境规制通过政府对地区和企业绿色投入的增加从成本上影响了企业的生产活动。从社会整体来看，政府通过承担部分环境规制成本有利于减轻企业对社会污染治理的负担。此外，政府对企业的补贴等也有利于减轻企业治污负担。因此，政府和企业对整个社会环境治理成本进行分摊，在一定程度上减轻了企业治污压力，一方面推动了企业向清洁型发展的转型，确保了环境效益的实现；另一方面促进了企业研发投资的增加，从而有利于实现企业创新发展，确保了经济效益的实现。成本的降低和创新发展的实现都极大地推动了企业出口国内附加值率的跃升，因此，环境规制通过政府绿色投入的增加有利于推动企业出口国内附加值率的提高，从而实现环境高质量发展和贸易高质量发展的"双赢"局面。进一步地，相对于企业发展而言，对地区的投资存在上限，即随着地区发展的完善，投资空间会缩小，随着政府对地区绿色投入的增加，环境规制发挥的积极影响在企业出口国内附加值率的提升上会相对减弱，但总体来看政府的绿色投入行为依然在环境规制和贸易高质量发展的平衡关系中发挥着积极作用。

第4章 环境规制和企业出口国内附加值率的测算及现状

4.1 环境规制的测算

4.1.1 环境规制指标的测算原则

环境规制方式主要有三种，本书以行政命令型环境规制为分析工具展开研究。之所以将行政命令型环境规制作为研究工具，一方面是因为中国从20世纪80年代起政府开始设立与环境保护相关的机构并逐步建立起相关法律法规体系，这些均是以政府行为为主导实施的，因此中国行政命令型环境规制方式发展至今相对成熟；另一方面，2012年党的十八大提出要大力推进生态文明建设，表明政府对推进环境规制的高度重视。此外，考虑到数据的获取且为了尽可能地呈现不同地区的差异情况，本书选取省级政府为环境规制主体展开研究。行政命令型环境规制指标的选取有多种方式，本书从排放达标率角度选取工业废水、工业二氧化硫和工业烟尘为目标对象，最后结合工业固体废物利用率这四个变量为基础来测算环境规制指标。由于变量较多，因此可能会出现变量间数据差异较大从而引起估计偏差。同时，在对四个分指标信息的提取过程中，降低其受主观因素影响而导致信息遗漏是必要的。此外，每个分指标包含的信息量程度不同，绝对平均的信息提取方式会使信息量较多的变量受损，也同样会造成相应的信息遗漏现象。综上所述，为避免上述情况的发生并提高数据处理的科学性，确保回归结果以及后续分析和讨论部分的无偏性，本书遵循以下原则进行处理。

首先，对四个环境变量数据进行标准化以消除数据集的过大差距。上述四个污染排放变量作标准化处理，是以各分指标最大值和最小值为操作基础的。本书获取了两种方式的计算结果，即没有进行标准化处理的数据和进行了标准化后的数据，基于这两类数据计算出了对应环境规制指标并分别进行了回归，对比发现逐次添加控制变量，前者的回归结果没有发生任何变动；相反，进行无量纲化处理后数据的回归结果在回归系数这里出现了变动。因此，有理由相信对数据进行标准化处理在提高结果的科学性和可信性等方面具有重要意义。

其次，采用熵权法对所有分指标变量的数据信息进行提取，以客观赋权重的方式来确保所有变量信息都能够足量被捕捉。本书按照各分指标所包含的信息量进行相应权重的分配，这种分配方式在保障对变量信息能够进行充足提取的同时，还能够避免主观赋权重或平均权重带来的信息损失，客观赋权过程中不受到其他因素干扰，有利于保障测算的科学性。基于此，本书在对环境规制核算过程中基于熵权法进行。

4.1.2 环境规制指标的测算方法

本书采用熵权法对上述四个污染排放指标赋权重，并在此基础上最终拟合成能够反映所有变量信息的一个综合指标，即环境规制。熵权法最早是由香农和韦弗（Shannon and Weaver, 1998）提出，该方法基于信息论原理，根据指标差异性的大小确定不同指标的客观权重。对于熵权法的应用，已有诸多学者采用这一方法进行了相关测算（Li et al., 2020；Zhang and Li, 2020；蔡乌赶和许凤茹, 2021），该方法的优点在于它属于客观赋权重的一种方法，针对指标在系统中的相对重要程度来计算指标的信息熵，避免主观赋权重的不科学性。熵权法的具体测算方法如下。

首先，为了确保数据集在数量上和量纲上的一致性，本书借鉴魏敏和李书昊（2018）的处理方式，具体为：

$$Y_{ij} = \begin{cases} \dfrac{X_{ij} - \min(X_{ij})}{\max(X_{ij}) - \min(X_{ij})}, X_{ij} \text{ 是正向指标} \\[4mm] \dfrac{\max(X_{ij}) - X_{ij}}{\max(X_{ij}) - \min(X_{ij})}, X_{ij} \text{ 是负向指标} \end{cases} \quad (4-1)$$

其中，i 表示省份，j 表示所选指标，X_{ij} 为原始的分指标数值，Y_{ij} 为经过标准化后的该指标数值。$\min(X_{ij})$ 和 $\max(X_{ij})$ 分别表示原始分指标中对应的最小值和最大值。

其次，在标准化后的数据集基础上，计算行政命令型环境规制的信息熵 E_j。具体为：

$$P_{ij} = \frac{x_{ij}}{\sum\limits_{i=1}^{m} x_{ij}} \quad (4-2)$$

其中，P_{ij} 表示分指标 j 下元素 i 对该指标的贡献程度。

$$E_j = -\ln(m)^{-1} \sum_{i=1}^{m} P_{ij}\ln(P_{ij}) \quad (4-3)$$

其中，$0 \leqslant E_j \leqslant 1$。当分指标下各元素的贡献度相同时，$E_j$ 为 1，也就是说 E_j 最大可为 1。基于各指标的信息熵 E_j，计算各指标对应权重。具体为：

$$W_j = \frac{1 - E_j}{\sum\limits_{j=1}^{m} (1 - E_j)} \quad (4-4)$$

式（4-4）表示与行政命令型环境规制有关的 4 个分指标权重的赋权方法。在得到权重后，最后结合各元素的数据计算出各省份对应年份下环境规制综合得分情况。

此外，本书对核心解释变量，即行政命令型环境规制选取熵权法进行计算，而针对在计算过程中所涉及具体分指标的计算方法，本书在此也予以呈现，具体如下所示。

$$waterrate_{ij} = \frac{wdischarge_{ij}}{whandle_{ij}} \times 100 \qquad (4-5)$$

式（4-5）中，$waterrate_{ij}$ 表示 i 地区第 j 年工业废水排放达标率，$wdischarge_{ij}$ 为 i 地区第 j 年工业废水的排放量，$whandle_{ij}$ 表示 i 地区第 j 年工业废水的处理量。因此，本书通过地区排放达标的废水量占总废水量的比重来计算这一指标达标率。

$$SO_2rate_{ij} = \frac{SO_2discharge_{ij}}{SO_2production_{ij}} \times 100 \qquad (4-6)$$

式（4-6）中，SO_2rate_{ij} 表示 i 地区第 j 年工业二氧化硫排放达标率，$SO_2discharge_{ij}$ 表示该指标排放量，$SO_2production_{ij}$ 为该指标产生量。因此，本书选取排放合格的量占总产生量的比重来测算这一指标达标率。

$$fumerate_{ij} = \frac{fumedischarge_{ij}}{fumeproduction_{ij}} \times 100 \qquad (4-7)$$

式（4-7）中，$fumerate_{ij}$ 为 i 地区第 j 年工业烟尘排放达标率，$fumedischarge_{ij}$ 为 i 地区第 j 年工业烟尘排放达标量，$fumeproduction_{ij}$ 表示 i 地区第 j 年工业烟尘产生量，本书采用上述两个指标的比重展开计算。

$$solidrate_{ij} = \frac{soliduse_{ij}}{solidproduction_{ij}} \times 100 \qquad (4-8)$$

式（4-8）中，$solidrate_{ij}$ 表示 i 地区第 j 年工业固体废物利用率，$soliduse_{ij}$ 表示 i 地区第 j 年该指标综合利用量，$solidproduction_{ij}$ 表示 i 地区第 j 年该指标产生量，本书采用上述两个指标比重来进行测算。

4.2 企业出口国内附加值率的测算

4.2.1 企业出口国内附加值率测算的理论依据

在全球化背景下，国与国之间的贸易依存度越来越高。随着国际分

工的细化，产品的生产过程也被划分为不同的阶段，各国均依托自身的
比较优势参与进各阶段的生产中来（Ball，1968），而在生产过程中各国
也无法切割与其他国家的贸易往来，在原材料、中间品等要素上需要依
靠其他国家的比较优势来协作生产，这又反过来进一步推动了全球化广
度的延展和深度的加强，在此基础上各国贸易协作程度越来越高，进一
步推进了国际分工的细化。全球价值链分工的细化使得产品的价值生产
过程被分割到了世界各地，而中间品价值的跨境移动跟随生产过程发生
着转移，因此，传统以出口总量来衡量一国的贸易利得会导致结果出现
偏差。中国依靠劳动力价格等优势参与进了全球生产体系中（武杰和李
丹，2021），中国的出口包含着高程度的他国价值贡献，若以传统出口总
量方式对中国制造业贸易利得进行度量势必会存在高估情况。鉴于此，
对产品中本国真实价值贡献的识别就十分重要。企业出口国内附加值率
可以较好地将本国企业的价值贡献和进口价值贡献剥离开来，从而识别
本国企业真实的价值贡献度，因此，对企业出口国内附加值率的测算是
衡量一国真实贸易利得以及准确评估国家在全球价值链位置的重要
基础。

本书主要从加工贸易、一般贸易以及混合贸易三类展开测算，其测
算的理论依据基于企业国内价值贡献占企业总收入的比重进行。本书在
借鉴蔡承彬（2018）测算方式的基础上，结合本书需要进行了总结，具
体如下所述。

从会计角度定义企业总收入（TY）恒等式：

$$TY_i \equiv \pi_i + wL_i + rK_i + P^D Q_i^D + P^I Q_i^I \qquad (4-9)$$

其中，TY_i 表示企业 i 的总收入，π_i 代表企业 i 的利润，wL_i 为企业 i 的工
资支出成本，rK_i 为企业 i 的资本支出成本，$P^D Q_i^D$ 表示企业 i 的国内材料
采购成本，$P^I Q_i^I$ 表示企业 i 的进口材料采购成本。

鉴于企业原材料采购中国内成分和国外成分混合在同一类型材料中，
为了详细甄别出这一现实，本书将国内材料中的国外成分设置为 σ_i^F，与
之对应的进口材料中国内成分设为 σ_i^D；国内材料中的国内成分为 φ_i^D，相

对应的进口材料中的国外成分为 φ_i^F。因此，式（4-9）中企业 i 的国内材料采购成本和进口材料采购成本可以进一步被表示为：

$$P^D Q_i^D = \sigma_i^F + \varphi_i^D \qquad (4-10)$$

$$P^I Q_i^I = \sigma_i^D + \varphi_i^F \qquad (4-11)$$

企业出口国内附加值即指本国企业生产的产品和服务的价值总和，因此基于式（4-9）可将企业出口国内附加值（DVA_i）定义为：

$$DVA_i \equiv \pi_i + wL_i + rK_i + \varphi_i^D + \sigma_i^D \qquad (4-12)$$

对于加工贸易企业而言，其出口价值和总收入相等。由于进口部分包括进口材料和进口资本两类，因此，公式（4-12）可变换为：

$$TY_i^P = EXY_i^P = DVA_i^P + \sigma_i^F$$
$$= DVA_i^P + IMY_i^P - (\sigma_i^D + \sigma_i^K) + \sigma_i^F \quad (4-13)$$

所以可得加工贸易的出口价值（EXY_i）和企业出口国内附加值（DVA_i）为：

$$EXY_i^P = DVA_i^P + IMY_i^P - \sigma_i^D + \sigma_i^F - \sigma_i^K \qquad (4-14)$$

$$DVA_i^P = (EXY_i^P - IMY_i^P) + (\sigma_i^D - \sigma_i^F + \sigma_i^K) \qquad (4-15)$$

式（4-13）中，TY_i^P 表示加工贸易（P）企业 i 的总收入，EXY_i^P 表示加工贸易（P）企业 i 的出口总价值，DVA_i^P 表示加工贸易（P）企业 i 的出口国内附加值，σ_i^K 表示企业 i 的资本进口情况。在式（4-14）中，IMY_i^P 表示加工贸易（P）企业 i 的进口情况。对于中国加工贸易企业来说，进口材料中国内成分较小，因此可以视 $\sigma_i^D = 0$。此外，由于统计方式的独立性，资本进口被分开统计，因此就当前可获得的数据库信息而言这里可视 $\sigma_i^K = 0$。鉴于此，加工贸易企业出口国内附加值率为：

$$DVAR_i^P = \frac{DVA_i^P}{TY_i^P} = \frac{DVA_i^P}{EXY_i^P} = \frac{(EXY_i^P - IMY_i^P) + (\sigma_i^D - \sigma_i^F + \sigma_i^K)}{EXY_i^P}$$

$$= \frac{EXY_i^P - IMY_i^P - \sigma_i^F}{EXY_i^P}$$

$$= 1 - \frac{IMY_i^P + \sigma_i^F}{EXY_i^P} \qquad (4-16)$$

由于 $IMY_i^P = P^I Q_i^I + \sigma_i^K$，且 $\sigma_i^K = 0$，故式（4-16）可变换为：

$$1 - \frac{P^I Q_i^I}{EXY_i^P} - \frac{\sigma_i^F}{EXY_i^P}$$

因此，加工贸易（P）企业 i 出口国内附加值率 $DVAR_i^P$ 为：

$$DVAR_i^P = 1 - \frac{P^I Q_i^I}{TY_i^P} - \frac{\sigma_i^F}{TY_i^P}$$

$$= 1 - \frac{P^I Q_i^I + \sigma_i^F}{TY_i^P} \qquad (4-17)$$

从企业一般贸易活动来看，企业投入与企业出口有关，这里需要设置比例关系，即假定企业投入与企业出口占企业整体收入的比重具备比例关系，因此，一般贸易（O）企业 i 出口国内附加值 DVA_i^O 为：

$$DVA_i^O = EXY_i^O - (IMY_i^O - \sigma_i^K + \sigma_i^F) \times \left(\frac{EXY_i^O}{TY_i^O} \right) \qquad (4-18)$$

根据企业出口国内附加值率的定义，可得：

$$DVAR_i^O = \frac{DVA_i^O}{EXY_i^O}$$

$$= \frac{EXY_i^O - (IMY_i^O - \sigma_i^K + \sigma_i^F) \times \left(\frac{EXY_i^O}{TY_i^O} \right)}{EXY_i^O}$$

$$= 1 - \frac{IMY_i^O - \sigma_i^K + \sigma_i^F}{TY_i^O} \qquad (4-19)$$

基于上述推导和分析可以看到，加工贸易企业出口国内附加值率的测算是剔除实际中间品进口和国内原材料中包含的国外成分占企业总收入的比重进行的，一般贸易同理。而混合贸易由于既涉及加工贸

易，也涉及一般贸易，因此，混合贸易企业出口国内附加值率的测算
基于对上述两种贸易类型赋权重并加总进行，同样也遵循上述理论
基础。

4.2.2 企业出口国内附加值率的测算方式

针对测算方式，从数据来源看目前主要有两种，一种是依托世界投
入产出表（WIOD）展开的核算，另一种是基于中国工业企业数据库和中
国海关贸易数据库这两大数据库展开的测算。唐宜红和张鹏杨（2017）
认同约翰逊和诺格拉（Johnson and Noguera，2012）计算贸易附加值
的方法，认为该方法可以更详细地计算出目标行业和其上游行业对应
的贸易附加值，同时也可以区分出口附加值中来自不同国家的贡献程
度。该方法利用世界投入产出表在行业层面展开计算，并且可以针对
行业再进行细化研究，针对出口国外附加值部分也可以对来源地展开
详细分析。

除了利用世界投入产出表对一国出口国内附加值率进行计算外，另
一个重要的测算方式是基于中国工业企业数据库和中国海关贸易数据库
进行的。这两大数据库公布了与企业生产活动有关的诸多指标信息，从
微观企业层面对中国贸易信息进行了汇总。从企业层面展开的计算，相
比于前者，其目标对象聚焦得更加微观，从整体上看变量包含的信息量
更大，有助于提高研究的科学性。采用这一方式计算，首先需要将两大
数据库中对应的企业数据进行匹配合并，再依托合并后的数据信息进行
计算。鉴于这两大数据库所具备的巨大信息优势，且本书更侧重对中国
现实情况的研究，不涉及对国外价值增值部分的讨论，更重要的是对行
业出口价值增值部分的分析涉及了制造业几乎所有行业而非某一目标行
业上。因此，本书选取第二种测算方式对企业出口国内附加值率进行计
算，借鉴阿普沃德等（Upward et al.，2012）、张杰等（2013）的研究，
本书基于下述公式展开计算：

$$DVAR_{it}^T = \begin{cases} 1 - \dfrac{imp_{it}^{R_O} \mid BEC + imp_{it}^{F}}{Y_{it}}, T = O \\[2ex] 1 - \dfrac{imp_{it}^{R_P} + imp_{it}^{F}}{Y_{it}}, T = P \\[2ex] \omega_o \times \left(1 - \dfrac{imp_{it}^{R_O} \mid BEC + imp_{it}^{F}}{Y_{it}} \right) \\[2ex] + \omega_p \times \left(1 - \dfrac{imp_{it}^{R_P} + imp_{it}^{F}}{Y_{it}} \right), T = M \end{cases} \qquad (4-20)$$

其中，T 代表不同贸易方式类型，O、P、M 分别为一般贸易类型企业、加工贸易企业和混合贸易企业；$DVAR_{it}^T$ 为 T 种贸易类型下企业 i 在 t 年的出口国内附加值率；$imp_{it}^{R_O} \mid BEC$ 表示一般贸易类型企业 i 在 t 年的实际中间品进口额，$imp_{it}^{R_P}$ 表示加工贸易类型企业 i 在 t 年的实际中间品进口额，imp_{it}^{F} 为企业 i 在 t 年使用的国内原材料中包含的国外成分；Y_{it} 表示企业 i 在 t 年的总产出；ω_o 和 ω_p 为一般贸易企业和加工贸易企业中间品进口权重。

4.2.3 企业出口国内附加值率数据的时间选取标准和处理原则

由于本书是基于中国工业企业数据库和中国海关贸易数据库对企业出口国内附加值率进行的测算，因此相关指标的时间范围选择取决于两大数据库的数据更新时间。目前，两大数据库更新到了 2013 年，也就是说计算与企业有关的指标最新时间可以推进到 2013 年。针对上述两大数据库相关数据时间的选取，在经过本书对有关文献的梳理后发现，目前存在两个时间跨度。部分学者在使用上述两大数据库时，基于数据质量考虑，研究时间会选取在 2000～2006 年（姜帅帅和刘天一，2021）或者推进到 2007 年（刘信恒，2021；曲丽娜和刘钧霆，2021）。而另一部分学者基于研究需要会将数据时间延长至 2013 年（毛其淋和赵柯雨，2021；沈和斌和邓富华，2021），其中部分学者会选取 2000～2013 年时间段的企业信息来展开研究（曹平等，2021），也有学者根据研究需要会选取 2002～2013 年时间段（袁劲和马双，2021）或 2008～2013 年时间段（谢娟娟等，2021）进行讨论。本书考虑了研究目标和研究所使用的方法等因素，认为选取 2000～2013 年两大数据库中的企业数据有利于提高本书研究的科学性和确保结果的稳健性，因此，本书最终选取 2000～2013 年企业相关数据展开研究和分析。

除了基于真实数据展开相关研究外，本书还在已有数据的基础上对环境规制和企业出口国内附加值率现状和趋势进行了分析与预测。具体为，行政命令型环境规制数据在 2016～2021 年存在缺失情况，针对这一情况，本书根据环境规制数据的历史增长率规律，对其 2016～2021 年发展趋势进行预估。基于企业的研究结果，本书将企业层面的数据以省份为单位取平均值并按照增长率变动规律对各省份 2014～2021 年对应指标进行预测。本书对环境规制和企业出口国内附加值率变动进行了更为全面的特征描述和剖析。

由于两大数据库公布的企业数据均是原始数据，存在指标众多、分类详细，且上述两大数据库均按照自身方式公布企业信息的特点，因此在对数据库利用时需要首先对数据进行预处理。对中国工业企业数据库而言，公布的企业数据包括完整的和缺失值严重的两类，也存在信息错误不可用的情况。同时，该数据库公布的数据对同一指标的命名不同年份存在不一致现象，这使得后续的数据匹配会产生遗漏的可能。对中国海关贸易数据库来说，原始数据是以企业月度数据为标准进行公布的，因此这对于以年为单位的科学研究而言时间维度存在错位情况。同时，对于该数据库的原始数据也要按照本书研究需要对数据首先进行匹配和整合，进而对加工后的数据再进行进一步运用。综上，立足于研究需要，本书按照以下原则对两大数据库的数据进行处理。

针对中国工业企业数据库数据的处理原则如下：对低于 8 人的雇佣员工企业观测值剔除，去除企业利润率小于 0.1% 或高于 99% 的企业。企业开业时间不真实的观测值不在本书研究对象中。剔除企业总固定资产、流动资产、固定资产净值高于总资产的观测值，剔除累计折旧小于当期折旧的观测值，剔除主要变量（工业增加值和销售额等）为负或缺失值的企业，累积折旧小于当年折旧的企业信息不予采用。最后对所有数据进行了缩尾 1% 的 Winsorize 处理。

对中国海关贸易数据库原始数据的处理原则如下：将企业月度数据合并成年度数据，对企业名称中带有"经贸""科贸""外贸""贸易""进出口"字样的贸易代理商进行了聚焦，对企业中间品的进口重新展开核算；参考联合国对 BEC 产品分类，将其与中国海关 HS－96、HS－02、HS－07 以及 HS－12 产品编码进行匹配，以识别进口产品中包含中间品在内的三种产品类别。由于可能存在过度进口现象，为保证最终计算的科学性，本书剔除由于过度进口导致的不合理的出口国内附加值率数据。基于上述原则在对数据处理后，对所有处理好的数据进行了缩尾 1% 的 Winsorize 处理。

随后，本书借鉴余（Yu，2015）的匹配方法，首先，按照企业名称对两大数据库进行第一次匹配。由于两大数据库中存在名字有出入但是同一企业的情况，因此，以企业名字进行的匹配会存在没有匹配上的遗漏现象。其次，基于第一次未能匹配上的剩余数据按照企业邮政编码和公司电话号码后 7 位进行第二次匹配。最后，将两次匹配结果进行纵向合并，就是对两大数据库进行高度合并后的最终结果，以此为基础计算出中国制造业企业出口国内附加值率。此外，本书将国内中间品包含的国外成分首先按照 5% 的比重对相关指标进行了测算，随后参考库普曼等（Koopman et al.，2012）的研究结果，将这一比例调整为 10%，再次对出口国内附加值率进行测算。本书主体回归是基于 5% 比重下对核心指标进行测算展开的研究，而国内中间品包含的国外成分调整为 10% 下的该指标数据仅用于第 5 章稳健性检验。

4.3　环境规制和出口国内附加值率现状和趋势

4.3.1　环境规制现状和趋势

为了进一步明确中国环境规制现状和发展趋势，本章从中国整体的宏观层面通过图示方式对环境规制情况进行了呈现和讨论，并进一步从区域层面进行了地区差异分析，其中，2000~2015 年现状为相关真实值测算而得，2016~2021 年环境规制现状为估算值的反映，具体结果如图 4-1 和图 4-2 所示。从图 4-1 可以看出，中国环境规制符合"N"型变动趋势，在 2000~2010 年，环境规制呈现了波动上升态势，意味着这一时期中国环境规制程度趋严。随后，经历了下降的现象，但是从 2011 年开始环境规制再次呈现上升态势，即 2011 年之后环境规制再次趋严，反映出环境规制效果得到提高。总体来看中国环境规制处于分阶段上升态势，特别是从 2012 年党的十八大召开以来，中国环境规制上升趋势明显，说明中国当前环境现状有明显改善迹象。

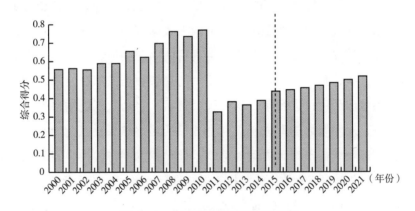

图 4-1 中国环境规制现状和趋势

从图 4-2 中可以看到，中国东部、中部、西部和东北地区环境规制也均符合"N"型发展趋势。具体地，东部地区环境基础最好，中部和东北地区次之，西部地区环境基础最弱，这一现象可以从 2000~2010 年四个区域环境综合得分看出。但随着党的十八大召开和生态"保卫战"的打响，可以看到原本环境基础脆弱的西部地区对环境的重视程度明显得到提高，超过了同期的东部和中部地区对环境治理的推动速度，对环境规制重视程度显著提高的这一情况在东北地区也得到了印证。

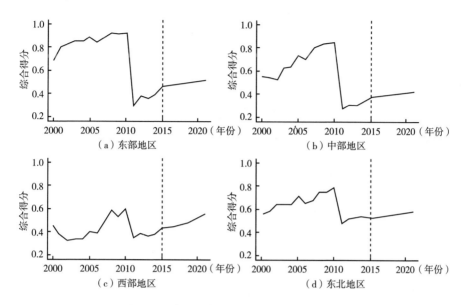

图 4 - 2　中国四大区域环境规制现状和趋势

4.3.2　出口国内附加值率现状和趋势

为了更好地呈现中国出口国内附加值率变动情况，本章对企业层面的出口国内附加值率进行了均值化处理，得到了中国 2000～2013 年制造业出口国内附加值率变动情况。为了对中国当前贸易附加值含量进行预测，本章在此结果基础上对 2014～2021 年中国出口国内附加值率进行了估算，试图以更为长期的视角来把握中国贸易高质量的发展趋势。为了提高结果的科学性，本章分别以国内中间品包含的国外成分为 5% 的比重和 10% 的比重分别对中国出口国内附加值率进行测算和预估，具体结果如图 4-3 所示。可以看到，自 2000 年以来，中国出口国内附加值率呈现上升趋势，这一结果一方面反映出中国出口品中蕴含的本国价值含量的快速提升，另一方面也说明中国存在摆脱全球价值链"低端锁定"的可能。

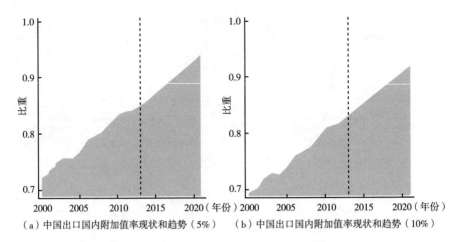

（a）中国出口国内附加值率现状和趋势（5%）　（b）中国出口国内附加值率现状和趋势（10%）

图4－3　中国出口国内附加值率现状和趋势

进一步地，这里基于国内中间品包含国外成分为5%的比重测算出口国内附加值率并进行分区域情况分析，从图4－4可以看出，2000～2013年，就区域发展的稳定性而言，中国东部地区和东北地区出口国内附加值率呈现出稳定的上升趋势，相对而言中部和西部地区则呈现出波动上

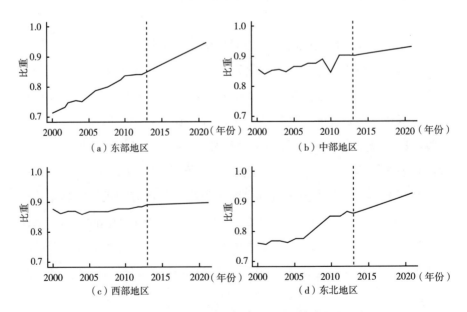

（a）东部地区　　　　　　　　　　（b）中部地区

（c）西部地区　　　　　　　　　　（d）东北地区

图4－4　中国四大区域出口国内附加值率现状和趋势

升态势。就具体发展水平来看，东部和中部地区出口国内附加值率发展水平较高，得益于这两个地区以交通发展和数字化平台的构建等为代表的基础设施较为完善，同时市场化水平和技术创新活力较高，这些都对地区企业成本的降低和技术的提高创造了有利的外部环境。此外，从对四个区域2014~2021年出口国内附加值率变动的预测来看，各大区域的对外贸易高质量发展程度会进一步得到提高，受制于前期的发展基础，其中东部和中部地区出口国内附加值率的发展水平依然会领先于其他地区。

此外，本章还从不同贸易类型出发，对一般贸易、加工贸易以及混合贸易出口国内附加值率分别进行了测算，并对其发展趋势进行了分析，具体结果如图4-5所示。可以看到，相比而言从事一般贸易的企业出口国内附加值率相对较高，并且这一结果在2014~2021年的预测中依然保持不变。一般贸易企业涉及的技术复杂度相对较高，因此其产品中所蕴含的国内价值成分也相对较多。中国要实现制造业高端化发展归根结底需要大力促进技术创新，依靠高技术复杂度来实现中国贸易的高质量发展，从而提升中国在全球价值链的位置。

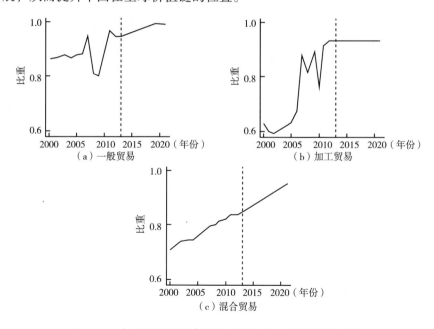

图4-5 中国不同贸易类型出口国内附加值率现状和趋势

4.3.3　环境规制与出口国内附加值率现状关系呈现

为了对环境规制与出口国内附加值率变动关系进行清晰呈现，本章通过图示方式展开说明，这里出口国内附加值率分别采用国内中间品包含国外成分比重为5%和10%情况下的测算结果进行，具体结果如图4-6所示。中国环境规制的推进和出口国内附加值率变动总体呈现较为一致的积极关系，这一结果在国内中间品包含国外成分比重为5%和10%下测算的出口国内附加值率均成立。通过简单图示关系的呈现可以认为，针对中国出口国内附加值率跃升而言，环境规制的实施对其释放有着积极影响。

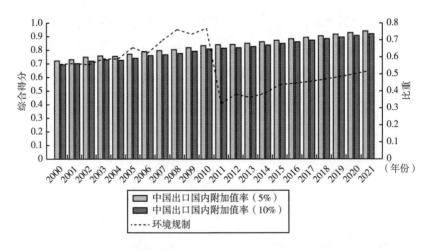

图4-6　中国环境规制和出口国内附加值率的关系呈现

进一步地，为了对不同区域环境规制和出口国内附加值率关系进行更为详细的讨论，这里从东部、中部、西部以及东北地区四个区域切入展开分析，这里基于国内中间品包含国外成分为5%比重测算的出口国内附加值率来展开分析，具体结果如图4-7所示。可以看到，四个区域环境规制和出口国内附加值率总体上均存在正向的积极关系，也就是说，随着政府对地区环境保护力度的增强，对出口国内附加值率增加释放着积极影响。综上，可以初步认为中国环境规制和企业出口国内附加值率跃升总体存在积极关系。

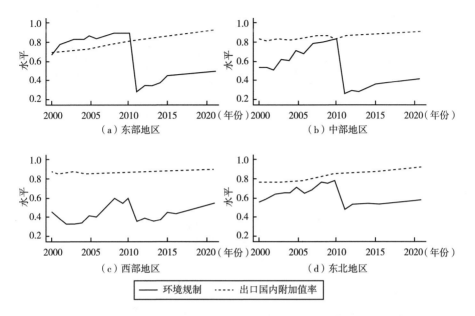

图 4 - 7　中国四大区域环境规制和出口国内附加值率现状关系分析

第5章 环境规制影响企业出口国内附加值率的经验检验

5.1 引 言

在企业不承担环境污染责任时，环境规制的压力就会被转嫁到社会其他主体上且环境污染问题会愈加严重。当企业生产行为受到约束时，企业会加速调整生产方式以满足地区环保要求（李国平和张文彬，2014），而推动企业行为发生转变的关键在于政府对环境规制干预的介入（吴力波等，2021）。对于企业无序的行为所带来的负面环境影响，政府干预此时是纠正其最有效的方式。以行政命令型为代表的政府环境干预能够强势引导企业生产符合地区可持续发展要求，通过行政监管和经济惩戒等途径具体介入，这种特点的环境规制方式能够有效地提高企业对环境保护的积极性（Zhang et al.，2018）并加速其生产方式的革新（康志勇等，2020）。

环境规制的实施势必会对中国经济发展方式以及经济发展规模产生影响（安孟等，2021），而作为推动经济发展"三驾马车"之一的出口，其规模等的变动至关重要，环境规制对外贸出口的影响最终会扩散到整个经济系统中，因此，深入分析环境规制对贸易变动的影响是从外部出口结构把握环境规制对经济的作用效果，也是评估环境规制影响中国参与国际市场程度的重要参考。2019年11月，中共中央、国务院发布了《关于推进贸易高质量发展的指导意见》，明确指出"推进贸易与环境协调发展，发展绿色贸易，严格控制高污染、高耗能产品进出口。鼓励企业进行绿色设计和制造……实现可持续发展"。可以看出，中国从顶层开始重视平衡环境保护和贸易发展的关系，从而推进可持续发展模式的实现。

但当前有关环境规制与中国贸易发展的关系研究主要集中在对出口规模的影响上（傅京燕和赵春梅，2014；李光勤等，2020），而出口规模高估了中国出口真实贸易利得，因此以出口规模来衡量中国对外贸易发展的真实情况可能存在偏差（李真等，2020），从而引起对环境规制带来的贸易影响评估的不准确性。企业出口国内附加值率可以较好地将出口成品中国内价值贡献和国外价值贡献分离开来，从而识别出一国国内的价值贡献程度，这为科学把握一国出口真实贸易利得提供了可能。基于此，以出口国内附加值率为研究对象，详细考察环境规制的作用效果，有助于为完善环境规制方式、程度以及探索多样化的贸易高质量发展途径提供理论支撑和经验参考。

因此，在绿色发展大背景下，环境规制对企业出口国内附加值率会产生什么影响？不同附加值程度和污染程度的企业是否会产生异质性结果？不同环境规制程度对企业出口国内附加值率的作用效果是否会有不同？而且不同要素禀赋、要素密集度和企业性质下的差异性结果也值得讨论。最后，从动态发展角度考察环境规制对制造业出口国内附加值率的影响也是本章关注的重点，包括滞后效应分析、经济集聚以及政府—市场关系的外部性检验。

5.2 理论机理与假设提出

行政命令型环境规制表示政府通过强有力的外部干预方式来推进治理进程，环境规制的目标之一是约束企业行为对环境的负外部性影响，从政府层面推进意味着地区环境规制形势紧迫，需要外部力量的强势干预来进行扭转（Wieke，2021）。在这一背景下，企业为了满足环境考核要求，会改变初始粗放型生产方式，推进研发支出，从而实现技术创新。从长期看，环境规制确实能够推动强"波特假说"的实现（杨友才和牛晓童，2021），因此，环境规制可以实现环境保护和生产力发展双目标结果。环境规制会大力推动企业间绿色竞争，使其竞相研发具有高技术含量和环保特征的产品从而获得"先动优势"（马中东和宁朝山，2010），在同类产品中获得较高的竞争力（Chaffee，1985）。而这一行为的调整会间接推动地区知识和技术的"溢出"进而诱发集聚，集聚的积极效应又有助于提高企业生产率（王立勇和吕政，2021）和降低企业交易成本等，因此，企业出口国内附加值率会实现提升。

此外，环境规制背景下企业技术革新也大大提高了国内中间品的供给数量和质量，使得国内中间品的价格存在下降可能进而对进口中间品进行替代，这直接提高了产品中的国内价值含量，有利于实现出口国内附加值率的跃升。进一步地，行政命令型环境规制的实施意味着政府层面对地区环境质量改善的重视，因此作为重要的社会主体之一，政府也会积极地参与到治理进程中，发挥积极的引导作用（Xu et al.，2021），加大对地区和企业的绿色投资力度，这有利于减轻企业环境规制成本压力，从而推进其研发进程并加快技术创新的实现，技术复杂度的提升对于提高企业出口国内附加值率有积极影响。

假设 5 - 1：行政命令型环境规制的实施有助于推动制造业企业出口国内附加值率的提升。

环境规制的目标对象是微观企业，而不同发展程度和环境类别企业的发展存在差异，因此在环境规制下企业生产调整的反馈结果会存在区别。对于低附加值企业而言，其对技术要求较低，更多的是依靠劳动力和资源的投入来进行生产，同时由于缺乏技术竞争力（沈敏奇，2021），这类企业在出口竞争中优势较小使得发展规模受限，因此在面对环境规制时，企业技术更新的标准会较低。同时，这类企业组织方式灵活，少量的资金投入就能较快地改善生产方式，提高生产率（刘彤彤等，2020）。而高附加值企业产品技术含量较高，也正因如此使得这类企业对技术发展的要求较高。由于技术红利的实现存在长期性和风险性（常曦等，2020），技术复杂度越高的创新行为其风险越高，周期越长，因此，对于高附加值企业而言，环境规制对这类企业创新产出的实现难度要强于低附加值企业。在这一背景下，环境规制对高附加值企业出口国内附加值率的提升影响也同样会呈现积极结果，但促进效果弱于低附加值企业。

假设 5 - 2：相比于高附加值企业而言，环境规制对低附加值企业出口国内附加值率的提升效果更好。

不同环境规制程度会对企业产生差异影响。较弱的环境规制程度对企业的影响也相应较弱，在实现企业发展方式的改变和技术革新方面动能推动力不足，因此，其对企业出口国内附加值率提升的实现效果并不理想。随着规制程度的提高，作用在企业上的外部约束开始发挥作用，面对较强的环境规制程度，企业为了达到环保考核要求会主动地或被动地转变生产方式，加大研发投入从而提高生产率，这为企业出口国内附加值率的增加提供了可能。因此，随着环境规制程度的增强，其对企业出口国内附加值率提升的积极作用效果更好。此外，由于东部地区经济水平、基础设施以及技术转化力（Miao et al.，2021）等要素禀赋较优，环境规制对企业成本的冲击和技术革新阻力较小，因此相比于其他地区而言，环境规制对东部地区企业出口国内附加值率的提升效果更好。由于中国这一时期主要以劳动密集型产业为主（Hanson，2020），在环境规制下，企业可以通过压缩劳动力投入来缓解技术革新带来的成本压力，降低环境规制对企业总成本的冲击，因此这类企业出口国内附加值率能够得到有效跃升。进一步地，就企业性质来看，外资企业资金和技术实力雄厚，一般从事的是技术复杂度较高以及价值链贸易嵌入较深的贸易活动（葛顺奇等，2021），在环境规制背景下，这类企业可以充分利用该优势进行技术创新且阻力较小，因此，相比于国有企业和民营企业，环境规制对外资企业出口国内附加值率的提升效果更好。

假设 5 - 3：随着环境规制程度的提高，企业出口国内附加值率提升效果更好且环境规制对东部地区、劳动密集型以及外资企业出口国内附加值率的提升更为积极。

5.3　模型设定与指标选取

5.3.1　模型设定

本章实证部分旨在对理论机理分析进行验证。因此，首先检验环境规制下制造业企业出口国内附加值率的变动效果并构建相关模型，具体如式（5－1）所示：

$$DVAR_{ati} = \alpha_0 + \alpha_1 envirgov_{at} + \sum Control_{ati} + \mu_i + \tau_t + \omega_a + \varepsilon_{ati}$$

$$(5-1)$$

其中，$DVAR_{ati}$表示 a 地区在第 t 年企业 i 的出口国内附加值率，$envirgov_{at}$ 表示 a 地区在第 t 年政府干预型环境规制程度，$Control_{ati}$ 为 a 地区第 t 年影响企业 i 出口国内附加值率的所有控制变量，选取企业存续年限（age）、资本密集程度（$fund$）、劳动力投入（$labor$）、行业集中度（HHI）以及企业全要素生产率（TFP）作为控制变量添加进模型中予以控制。μ_i、τ_t、ω_a 分别为企业个体（$Firm$）、时间（$Time$）和地区（$Area$）固定效应，ε_{ati}表示随机干扰项。在式（5－1）中，本章更关注 α_1 的变动情况，并由此来判断环境规制对企业出口国内附加值率变动带来的直接影响。

由于不同企业类型对环境规制的实施反馈效果不同，为了更详细地对这一结果进行区分和把握，本章从企业发展程度和环境类别综合角度出发，将企业细分为四类来分析环境规制对不同类别企业出口国内附加值率的影响，具体模型构建如式（5－2）所示：

$$DVAR_{ati} = \beta_0 + \beta_1 envirgov_{at} \times syn_{ati} + \sum Control_{ati} + \mu_i + \tau_t + \omega_a + \varepsilon_{ati}$$

$$(5-2)$$

其中，$envirgov_{at} \times syn_{ati}$表示环境规制背景下不同类型企业的划分。基于此，本书参考鞠可一等（2020）的做法，按照主要污染物的排放量对企业进行环境类型分类，具体为基于制造业行业工业废水排放量将对应所属企业划分为低污染型企业和高污染型企业两类①。同时，以企业出口国内附加值率作为目标对象，按照其程度高低对其进行划分，将全样本出口国内附加值率均值作为基准线，高于这一基准值的企业视为高出口国内附加值率企业，其余视为低出口国内附加值率企业。基于上述背景，syn_{ati}这里分别表示低附加值且低污染型企业、低附加值且高污染型企业、高附加值且低污染型企业和高附加值且高污染型企业四类。在式（5 – 2）中，β_1 的变动是这里重点关注的对象。其余变量含义与式（5 – 1）相同。

此外，本章还从环境规制强度出发，考察不同环境规制强度对企业出口国内附加值率的影响，具体模型构建如式（5 – 3）所示：

$$DVAR_{ati} = \gamma_0 + \gamma_1 envirgov_{at} \times degree_{ati} + \sum Control_{ati} + \mu_i + \tau_t + \omega_a + \varepsilon_{ati}$$

$$(5 – 3)$$

其中，$envirgov_{at} \times degree_{ati}$ 代表不同环境规制实施程度。本书将环境规制依据其实施的严格程度划分为强环境规制（*strong*）和弱环境规制（*weak*）两种，分别考察在不同环境规制强度下企业的生产结果反应。在式（5 – 3）中，γ_1 的变动是关注的重点目标。模型中其余变量的含义与式（5 – 1）相同。

5.3.2　指标选取和说明

本章主要考察环境规制下企业出口国内附加值率的变动情况，因此，对环境规制指标的选取需要尽可能地全面，对企业出口国内附加值率影响因素的把握需要从企业视角出发考虑更多直观变量带来的影响，并加以控制。具体选取标准如下所述。

---

① 根据行业工业废水排放量对比，本书最终将家具制造业，印刷和记录媒介复制业，文教、工美、体育和娱乐用品制造业，烟草制品业，仪器仪表制造业，木材加工及木、竹、藤、棕、草制品业，其他制造业，专用设备制造业，电气机械及器材制造业，通用设备制造业，橡胶制品业，汽车制造业，纺织服装，服饰业这些行业视为低污染行业；将皮革、毛皮、羽毛及其制品和制鞋业等其余制造业行业视为高污染型行业。

被解释变量：制造业企业出口国内附加值率。之所以选择这一指标有以下两个原因。一方面，环境规制实施的作用对象最终是聚焦在微观企业上，因此，这里选取微观企业作为研究对象。另一方面，企业出口国内附加值率能够直接度量出口企业所含的国内价值贡献程度，将国内创造的价值和国外创造的价值进行有效分离，对中国制造业出口企业自主创造价值能够进行清晰定义，是对中国真实出口贸易利得的更为科学和准确的反映。综合上述两个原因，本书从国内真实价值贡献角度出发，选取这一指标作为被解释变量来度量企业出口真实贸易利得。

核心解释变量：环境规制。已有大量学者对行政命令型环境规制指标的选取进行了丰富研究（朱平芳等，2011；张倩和林映贞，2021），为了能够更全面地测度政府主导型环境规制指标，本书以污染排放达标率为标准选取工业废水、工业二氧化硫、工业烟尘为对象，同时结合工业固体废物利用率①共计四个指标，通过熵权法②客观赋予各个指标相应的权重，进而将各个指标相关信息提炼出来最终拟合形成一个综合指标。之所以选取上述四个指标作为基础指标计算，主要是从废水、废气、固体废物等不同维度角度出发考虑的，尽可能使本书环境规制指标选取更科学以确保其代理变量能够反映更多环境信息。

控制变量：企业营业持续时间（*age*）、资本密集程度（*fund*）、劳动力投入（*labor*）、行业集中度（*HHI*）以及企业全要素生产率（*TFP*）。本书主要从微观企业层面探究环境规制对企业生产的影响，因此控制变

---

① 工业废水排放达标率、工业二氧化硫排放达标率、工业烟尘排放达标率和工业固体废物利用率从 2011 年之后《中国环境年鉴》并没有直接公布上述指标内容，因此对于工业废水排放达标率，本书根据（工业废水排放量/工业废水处理量）×100 计算而得。工业二氧化硫排放达标率按照（二氧化硫排放量/二氧化硫产生量）×100 计算而得，工业烟尘排放达标率按照（工业烟尘排放达标量/工业烟尘产生量）×100 计算而得，工业固体废物利用率按照（工业固体废物综合利用量/工业固体废物产生量）×100 计算而得。

② 熵权法的权重核算公式为：$E_j = -\ln(m)^{-1} \sum_{i=1}^{m} P_{ij}\ln(P_{ij})$，其中 $P_{ij} = x_{ij}/\sum_{i=1}^{m} x_{ij}$。$W_j = (1-E_j)/\sum_{j=1}^{n}(1-E_j)$。其中，$E_j$ 表示信息熵，m 代表研究目标总数，x_{ij} 为具体元素，P_{ij} 可被视为每个元素对所在特征下的贡献程度，而 W_j 表示在信息熵基础上计算的权重。

量的选取同样从企业层面展开，选择对企业出口国内附加值率变动可能
有直接影响的变量来加以控制。企业营业持续时间、行业集中度和劳动
力投入主要对企业生产的量有直接影响，资本密集度和企业全要素生产
率对企业生产有质的影响，因此本书将以上变量添加进模型中予以控制，
其中企业营业持续时间基于其当年值减去开业年份值再加 1 并取对数进
行计算，劳动力投入则根据企业雇用员工总数并取对数进行测度，资本
密集度通过企业固定资产净值与企业雇用员工数的平均值之比并取对数
进行衡量。此外，行业集中度对企业生产活动会产生直接影响，当行业
竞争程度越大时，意味着行业集中度越低，市场化水平越高；反之，市
场垄断度就越高，而垄断企业对要素和产品市场定价等的干预会影响到
其他现存企业的发展。因此，本书选取赫芬达尔指数（HHI）计算了行业
集中度，具体为 $HHI = \sum_i (E_h^i / E_h)^2$，其中 E_h^i 为行业 h 中企业 i 的员工
数量，E_h 表示行业 h 中雇用的劳动力总量。此外，对于企业全要素生产
率，本章选用 LP 方法进行测算，这里借鉴莱文索恩和佩特林（Levinsohn
and Petrin，2003）采用半参数回归法，迭代次数设置为 50 且置信区间为
95%，将企业劳动力投入数量、固定资产、工业增加值和中间品投入等
可能影响企业生产率的因素纳入对 TFP 的估算中来，其中，中间品投入
作为工具变量来解决 TFP 生产过程中的内生性问题。

　　其他变量：灯光 PM2.5、政府工作报告中环境词汇等出现频数
（IV）、经济集聚（ag）和政府—市场关系（market）。对于环境规制而
言，PM2.5 也是重要衡量指标之一。随着环境问题日益引起各方关注，
从政府、学者到公众对 PM2.5 的讨论也越来越多，因此，本章选取
PM2.5 作为环境规制的代理变量对基准回归再次进行检验，为确保研究
的科学性，本书选取经过卫星灯光校准后的 PM2.5 数据展开研究。由于
所构造的固定效应模型中可能存在反向因果，这一潜在内生性威胁到研
究结果的科学性，因此本章选取各省级政府工作报告中与环境有关词汇
出现的频数作为环境规制的工具变量进行内生性检验。对于经济集聚的
测度，由于地级市层面更能体现经济集聚程度（邵帅等，2019），因此本

书从地级市角度出发,借鉴张可和汪东芳(2014)选取单位面积上第二产业和第三产业产值之和进行计算。此外,对于政府—市场关系的处理现状,本书借鉴已有的对政府和市场关系处理情况得分的研究,以对二者关系打分这一方式展开,就政府—市场外部性影响进行分析。

5.3.3 数据来源

本章所有与企业变量相关的数据信息均来源于中国工业企业数据库和中国海关贸易数据库,上述数据库最新更新时间至2013年。由于对企业出口国内附加值率的相关研究大部分学者选取时间集中在2000~2006年,但也有研究推进至2013年。本书通过对2007~2013年数据的相关处理和考虑到研究的需要,同时结合对两大数据库最新更新时间的考虑,最终选取2000~2013年作为样本期进行研究。此外,环境规制相关指标的数据均来源于《中国环境年鉴》。政府工作报告中环境等词汇出现次数均由笔者手工整理而得,数据来源于中华人民共和国中央人民政府网和各省级政府官方网站。经济集聚指标相关变量数据来源于《中国区域经济统计年鉴》《中国城市统计年鉴》。政府—市场关系得分数据借鉴樊纲等(2011)的研究展开讨论。所有变量详细信息如表5-1所示。

表5-1　　　　　　　　　　主要变量相关信息

变量	变量含义	计算方法
DVAR	企业出口国内附加值率	(1-企业进口中间品投入/企业总产出)
envirgov	行政命令型环境规制	首先,对工业废水排放达标率、工业二氧化硫排放达标率、工业烟尘排放达标率和工业固体废物利用率四个变量进行标准化处理。其次,基于熵权法公式进行核算,即 $E_j = -\ln(m)^{-1}\sum_{i=1}^{m}P_{ij}\ln(P_{ij})$, 其中 $P_{ij} = x_{ij}/\sum_{i=1}^{m}x_{ij}$。$W_j = (1-E_j)/\sum_{j=1}^{n}(1-E_j)$,其中,$E_j$ 表示信息熵,m 代表研究目标总数,x_{ij} 为具体元素,P_{ij} 可被视为每个元素对应所在特征下的贡献程度,而 W_j 表示在信息熵基础上计算的权重

续表

变量	变量含义	计算方法
age	企业营业持续时间	（企业开业年份 – 当期年份 + 1）取对数
fund	企业资本密集度	（固定资产净值均值/企业雇用员工数均值）取对数
labor	劳动力投入数量	企业雇用员工总人数取对数
HHI	行业集中度	$\sum_{f}(E_i^f/E_i)^2$，其中 E_i^f 为行业 i 中企业 f 雇用的劳动力数量，E_i 表示行业 i 中总劳动力雇用量
TFP	企业全要素生产率	采用半参数回归法，迭代次数设置为 50 且置信区间为 95%，将企业雇用员工数量、固定资产、工业增加值和中间品投入纳入对 TFP 的估算中来，其中将中间品投入作为工具变量来解决 TFP 生产过程中的内生性问题
灯光 PM2.5	经过卫星灯光校准后的 PM2.5	经卫星灯光校准后的 PM2.5
IV	政府工作报告中环境词汇等出现次数	同一词汇频数加总后取对数
ag	经济集聚	（第二产业产值 + 第三产业产值）/地区总面积
market	政府—市场关系	政府和市场关系得分引用

此外，本章对所选变量对应数据的合理性也进行了检验，主要对所选变量的样本量、均值、标准差进行了描述性统计分析，通过表 5-2 可知，所选变量的数据处理结果均在合理区间，说明本章所选变量合理有效。具体结果如表 5-2 所示。

表 5-2　　　　　　　**变量的描述性统计分析**

变量	样本量	均值	标准差
DVAR	312567	0.7999	0.2241
envirgov	312459	0.7047	0.2511
age	312042	2.1334	0.6684
fund	310036	3.2200	1.4127
labor	311270	5.5399	1.1917
HHI	312567	0.0005	0.0169

变量	样本量	均值	标准差
TFP	306426	4.8133	0.8919
灯光 PM2.5	252207	40.6315	13.5033
IV	304082	3.1222	0.4458
ag	311735	0.8201	1.1278
market	312459	8.4309	1.2447

5.4 环境规制对企业出口国内附加值率的影响

5.4.1 基准回归结果

本章对前面理论机理分析展开验证，结果如表5-3所示。从列（1）可以看出，环境规制对制造业出口国内附加值率的影响显著为正，即环境规制程度提高1个单位，企业出口国内附加值率会提高0.056个单位，且这一结果通过了1%的置信水平检验。而在控制了其他影响因素后，这一结果变动幅度较小，说明以企业出口国内附加值率为考察对象，环境规制带来的积极影响这一结论可信。

表5-3　环境规制对制造业企业出口国内附加值的影响分析

变量	DVAR (1)	DVAR (2)	DVAR (3)	DVAR (4)	DVAR (5)	DVAR (6)
envirgov	0.0560*** (0.0066)	0.0570*** (0.0066)	0.0601*** (0.0066)	0.0596*** (0.0066)	0.0596*** (0.0066)	0.0540*** (0.0066)
age		0.0145*** (0.0014)	0.0138*** (0.0014)	0.0143*** (0.0014)	0.0143*** (0.0014)	0.0102*** (0.0014)
fund			-0.0162*** (0.0006)	-0.0172*** (0.0007)	-0.0172*** (0.0007)	-0.0176*** (0.0007)

续表

变量	DVAR （1）	DVAR （2）	DVAR （3）	DVAR （4）	DVAR （5）	DVAR （6）
labor				-0.0025 *** （0.0010）	-0.0025 *** （0.0010）	-0.0160 *** （0.0010）
HHI					-0.0200 （0.0179）	-0.0338 * （0.0181）
TFP						0.0407 *** （0.0011）
_cons	0.6689 *** （0.0195）	0.6408 *** （0.0156）	0.6868 *** （0.0193）	0.7031 *** （0.0207）	0.7031 *** （0.0207）	0.6154 *** （0.0362）
Time	是	是	是	是	是	是
Firm	是	是	是	是	是	是
Area	是	是	是	是	是	是
N	312445	311920	309396	309342	309342	305852
R^2	0.0915	0.0924	0.0987	0.0987	0.0987	0.1122

注：括号内数值为企业层面聚类稳健标准误；＊、＊＊、＊＊＊分别表示在 10%、5% 和 1% 的置信水平上显著。

　　具体来看，对出口国内附加值率而言，企业营业持续时间的延长和全要素生产率的提升对其有显著的促进作用，这可能是由于企业存续年限越长意味着其产品成熟度和参与市场化竞争程度越高，因此产品具备一定的技术含量优势和成本优势，同时企业存在时间越长也表明其对市场的适应性越高，有利于企业降低对中间品和信息的搜寻成本。而企业全要素生产率的提高表明企业对资源利用效率的提升和技术的进步，这在推动企业生产成本节约的同时，也提高了企业中间品质量，加速了国内中间品对进口中间品的替代，因此促进了出口国内附加值率的提高。此外，资本密集度、劳动力投入和市场集中度对 DVAR 有显著的抑制作用，原因在于，这一时期中国的比较优势是以发展劳动密集型生产为主，资本的发展由于对这一优势的偏离使得其带来的积极影响效果没有达到预期效果（白东北和张营营，2020）。而雇用员工的增加直接推高了企业生产成本从而抑制了 DVAR 的提高。市场集中度的抑制性作用源于当行业过于集中时，市场垄断程度会变高，垄断企业对要素和市场的定价干扰会阻碍资源的优化配置，也间接压制着其他企业的发展，因此不利于企业 DVAR 提升。

鉴于企业生产和附加值率程度与环境基础不同，其对环境规制所产生的反馈也会存在差异。因此，本书从不同附加值率程度和环境类型企业出发，将其结合起来进行综合探讨，考察环境规制对不同类型企业 DVAR 的影响，具体结果如表 5 - 4 所示。可以看出，相比于高附加值企业，环境规制对低附加值企业 DVAR 的提升效果更为显著，这一结果不论是从低污染型还是高污染型企业均得到了验证，说明环境规制对低附加值企业出口"升级效应"的影响更好。对高附加值企业来说，环境规制对其绿色转型发展的影响有待进一步强化。低附加值企业由于生产方式调整灵活且调整周期较短，在面对环境规制时可以较快转变企业生产方式，进行绿色生产，从而有助于快速提高生产率，促进企业 DVAR 的提升。

表 5 - 4   环境规制对不同类别企业出口国内附加值率的影响

变量	DVAR 低附加值—低污染 （1）	DVAR 低附加值—高污染 （2）	DVAR 高附加值—低污染 （3）	DVAR 高附加值—高污染 （4）
envirgov	0.0896 *** （0.0221）	0.0674 *** （0.0201）	0.0037 （0.0029）	0.0003 （0.0026）
age	0.0074 （0.0054）	0.0185 *** （0.0050）	0.0013 ** （0.0006）	0.0010 * （0.0006）
fund	- 0.0237 *** （0.0023）	- 0.0185 *** （0.0022）	- 0.0028 *** （0.0003）	- 0.0034 *** （0.0003）
labor	- 0.0146 *** （0.0032）	- 0.0103 *** （0.0030）	- 0.0029 *** （0.0004）	- 0.0035 *** （0.0004）
HHI	- 0.0846 （0.0888）	- 0.0711 ** （0.0311）	- 0.0111 （0.0105）	- 0.0042 （0.0066）
TFP	0.0686 *** （0.0033）	0.0606 *** （0.0032）	0.0048 *** （0.0005）	0.0049 *** （0.0004）

续表

变量	*DVAR* 低附加值—低污染 (1)	*DVAR* 低附加值—高污染 (2)	*DVAR* 高附加值—低污染 (3)	*DVAR* 高附加值—高污染 (4)
_*cons*	0.1978 *** (0.0287)	0.1883 *** (0.0273)	0.9014 *** (0.0047)	0.9259 *** (0.0040)
Time	是	是	是	是
Firm	是	是	是	是
Area	是	是	是	是
N	48045	51698	99944	106165
R^2	0.1502	0.1294	0.0634	0.0650

注：括号内数值为企业层面聚类稳健标准误；＊、＊＊、＊＊＊分别表示在10%、5%和1%的置信水平上显著。

环境规制是否会因实施的强度不同而对企业生产产生迥异影响也同样值得讨论。在此，本书将环境规制依据其实施的严格程度划分为弱环境规制（*weak*）和强环境规制（*strong*）两种，分别考察不同环境规制强度下企业生产的反映，具体结果如表5－5所示。可以看出，弱环境规制强度对企业 DVAR 的提升具有显著的抑制作用，且这一结果通过了1%的显著性水平检验。而较强的环境规制强度对企业 DVAR 具有正向的促进作用，结果同样通过了1%的显著性水平检验。在环境规制实施初期，环境规制对企业成本带来的冲击在一定程度上阻碍了企业 DVAR 的提升，但随着环境制度、政策和治理方式的日趋完善，加上企业生产革新调整的推进，在强环境规制下，基于企业前期较高的技术基础，企业技术研发变现周期加快，清洁型绿色生产方式投入使用周期缩短，环境规制对企业成本的不利冲击逐渐减弱且技术革新对成本的"抵补效应"日趋显现，因此这一情境下的环境规制对企业出口国内附加值率的提升起到了积极效果，这也从侧面说明环境规制不能一直停留在初期既有程度上，需要有渐进和动态调整的过程。为了验证这一结论，本章进一步将环境规制程度视为一个整体变量，从动态全域视角对环境规制程度提高所带来的影响进行识别，具体结果见列（5）和列（6）。可以看出，随着治理程度的提高，环境规制对企业出口国内附加值率的提升同样存在积极影响，印证了随着治理强度的增加其对企业 DVAR 的"促进效应"显现这一结论。

表 5 – 5　　　　　不同环境规制强度对企业出口国内附加值率的影响

变量	DVAR (1)	DVAR (2)	DVAR (3)	DVAR (4)	DVAR (5)	DVAR (6)
Envirgov × weak	– 0. 0879 *** (0. 0164)	– 0. 0901 *** (0. 0164)				
envirgov × strong			0. 1092 *** (0. 0080)	0. 1127 *** (0. 0081)		
envirgov × degree					0. 0423 *** (0. 0049)	0. 0411 *** (0. 0049)
age		0. 0159 *** (0. 0038)		0. 0094 *** (0. 0015)		0. 0101 *** (0. 0014)
fund		– 0. 0091 *** (0. 0021)		– 0. 0181 *** (0. 0007)		– 0. 0176 *** (0. 0007)
labor		– 0. 0133 *** (0. 0031)		– 0. 0160 *** (0. 0010)		– 0. 0161 *** (0. 0009)
HHI		0. 0487 * (0. 0270)		– 0. 0375 ** (0. 0189)		– 0. 0343 * (0. 0180)
TFP		0. 0402 *** (0. 0037)		0. 0411 *** (0. 0012)		0. 0406 *** (0. 0011)
_cons	0. 8038 *** (0. 0102)	0. 7078 *** (0. 0259)	0. 6201 *** (0. 0216)	0. 5629 *** (0. 0406)	0. 6807 *** (0. 0191)	0. 6271 *** (0. 0359)
Time	是	是	是	是	是	是
Firm	是	是	是	是	是	是
Area	是	是	是	是	是	是
N	24660	24058	287785	281794	312445	305852
R^2	0. 0709	0. 0901	0. 0950	0. 1161	0. 0914	0. 1122

　　注：括号内数值为企业层面聚类稳健标准误；＊、＊＊、＊＊＊ 分别表示在 10%、5% 和 1% 的置信水平上显著。

5.4.2 异质性分析

受到地区要素禀赋、要素密集度和企业性质等差异的影响，环境规制对企业 DVAR 的异质性影响有必要得到进一步评估。基于此，本书分别从上述视角出发，就环境规制对企业出口国内附加值率的异质性影响进行检验。

中国各个区域发展的不平衡使得地区在面对自上而下的政策实施时反馈效果迥异。本书依据中国三大经济区划从东部、中部、西部三大区域角度展开区域差异影响分析。此外，为了进一步提升国际自由贸易度，国家通过设立国家级保税区来推动国际贸易、保税仓储以及加工出口业发展，这一区域的成立对于深化地区贸易的国际化程度和扩大其国际参与度无疑形成了得天独厚的便利条件，这一政策的实施对地区企业发展必然会带来一定影响，因此，为了剔除这一政策带来的影响，本书随后对政策所涉及城市进行剔除后再次进行检验以保证结果的可信度[①]，具体结果如表 5 - 6 所示。

表 5 - 6　要素禀赋差异下环境规制和企业出口国内附加值率关系检验

变量	DVAR 东部地区 (1)	DVAR 中部地区 (2)	DVAR 西部地区 (3)	DVAR 东部地区 (4)	DVAR 中部地区 (5)	DVAR 西部地区 (6)
envirgov	0. 1128 *** (0. 0077)	− 0. 0036 (0. 0187)	− 0. 0132 (0. 0216)	0. 1549 *** (0. 0102)	− 0. 0036 (0. 0187)	− 0. 0132 (0. 0216)
age	0. 0092 *** (0. 0015)	0. 0071 (0. 0046)	0. 0088 ** (0. 0043)	0. 0064 *** (0. 0019)	0. 0071 (0. 0046)	0. 0088 ** (0. 0043)
fund	− 0. 0176 *** (0. 0007)	− 0. 0056 ** (0. 0025)	− 0. 0009 (0. 0029)	− 0. 0164 *** (0. 0010)	− 0. 0056 ** (0. 0025)	− 0. 0009 (0. 0029)

---

① 依据百度百科国家级保税区公开名单，一共涉及 15 个省（市），这里剔除对应 15 个国家级保税区所在城市，具体包括上海、大连、张家港、宁波、汕头、珠海、天津、深圳、广州、厦门、海口、青岛、福州等，其中深圳存在 3 个国家级保税区。

续表

变量	DVAR 东部地区 (1)	DVAR 中部地区 (2)	DVAR 西部地区 (3)	DVAR 东部地区 (4)	DVAR 中部地区 (5)	DVAR 西部地区 (6)
labor	-0.0172 *** (0.0010)	0.0015 (0.0037)	0.0026 (0.0035)	-0.0148 *** (0.0014)	0.0015 (0.0037)	0.0026 (0.0035)
HHI	-0.0390 ** (0.0191)	0.0189 (0.0237)	0.0701 ** (0.0338)	-0.0267 (0.0251)	0.0189 (0.0237)	0.0701 ** (0.0338)
TFP	0.0422 *** (0.0012)	0.0442 *** (0.0041)	0.0247 *** (0.0052)	0.0482 *** (0.0016)	0.0442 *** (0.0042)	0.0247 *** (0.0052)
_cons	0.5615 *** (0.0415)	0.6384 *** (0.0341)	0.7152 *** (0.0392)	0.5366 *** (0.0137)	0.6384 *** (0.0341)	0.7152 *** (0.0392)
Time	是	是	是	是	是	是
Firm	是	是	是	是	是	是
Area	是	是	是	是	是	是
N	281360	14965	9527	145832	14965	9527
R^2	0.1192	0.0847	0.0298	0.1168	0.0847	0.0298

注：括号内数值为企业层面聚类稳健标准误；*、**、*** 分别表示在 10%、5% 和 1% 的置信水平上显著。

列（1）~列（3）表示原始回归结果，列（4）~列（6）表示剔除政策干扰后的回归结果。可以看出，东部地区环境规制对企业 DVAR 存在积极的促进作用，环境规制程度提高 1 个单位，东部地区企业 DVAR 会增加 0.1128 个单位，且这一结果通过了 1% 的置信水平检验。而中部和西部地区这一效果并不理想。产生这一结果的原因可能为东部地区经济和技术基础、市场竞争力以及制度完善程度等外部条件优越，在这一背景下地区企业的技术水平、融资能力和竞争力相较于中西部地区较强，因此面对环境规制的推进，企业进行技术变革的基础较好，向绿色清洁型发展方式转变的阻力和负担更小，更容易实现企业出口附加值的提升。剔除其他政策影响后再次进行地区差异检验，发现上述结果并没有发生较大变化，具体结果见列（4）~列（6）。

本书按照劳动密集型、资本密集型和技术密集型分类将企业划分为三种，考察环境规制对不同要素密集度企业 DVAR 的影响，具体结果如表 5 - 7 所示。环境规制对三种不同要素密集度企业 DVAR 均具有积极促进作用，相比言其对劳动密集型企业出口国内附加值率的提升效果最好。原因在于，这一时期中国的比较优势为劳动密集型生产，在环境规制实施背景下，企业可以通过压缩劳动力成本来进行生产改造，这在减弱环境政策对企业生产成本冲击和提高劳动生产率的同时，也满足了环保要求，从而更好地实现企业 DVAR 提升。而对于技术密集型企业而言，由于技术研发存在资金投入大、研发周期长以及受到研发基础等的限制，技术红利的释放相对滞后。因此可以看出，中国要增加产品技术复杂度从而实现产品附加值的提升，在实施环境规制时对这类企业给予更多的关注度是很有必要的。

表 5 - 7　　要素密集度差异下环境规制和企业出口国内附加值率关系检验

变量	DVAR 劳动密集型 (1)	DVAR 劳动密集型 (2)	DVAR 资本密集型 (3)	DVAR 资本密集型 (4)	DVAR 技术密集型 (5)	DVAR 技术密集型 (6)
envirgov	0. 0934 *** (0. 0115)	0. 0836 *** (0. 0115)	0. 0371 *** (0. 0122)	0. 0423 *** (0. 0122)	0. 0270 ** (0. 0120)	0. 0307 ** (0. 0121)
age		− 0. 0007 (0. 0025)		0. 0154 *** (0. 0025)		0. 0156 *** (0. 0027)
fund		− 0. 0146 *** (0. 0011)		− 0. 0166 *** (0. 0014)		− 0. 0215 *** (0. 0013)
labor		− 0. 0175 *** (0. 0015)		− 0. 0086 *** (0. 0021)		− 0. 0168 *** (0. 0018)
HHI		− 0. 0267 (0. 0241)		− 0. 0595 (0. 0436)		− 0. 0578 ** (0. 0294)
TFP		0. 0539 *** (0. 0018)		0. 0316 *** (0. 0023)		0. 0361 *** (0. 0021)
_cons	0. 8515 *** (0. 0085)	0. 7268 *** (0. 0154)	0. 7826 *** (0. 0092)	0. 7210 *** (0. 0182)	0. 6972 *** (0. 0090)	0. 6757 *** (0. 0173)

续表

变量	DVAR 劳动密集型 (1)	DVAR 劳动密集型 (2)	DVAR 资本密集型 (3)	DVAR 资本密集型 (4)	DVAR 技术密集型 (5)	DVAR 技术密集型 (6)
Time	是	是	是	是	是	是
Firm	是	是	是	是	是	是
Area	是	是	是	是	是	是
N	126243	123744	70970	69509	91964	89958
R^2	0.0986	0.1264	0.0715	0.0911	0.0956	0.1165

注：括号内数值为企业层面聚类稳健标准误；*、**、*** 分别表示在 10%、5% 和 1% 的置信水平上显著。

从企业性质来看，本书将企业划分为国有企业、民营企业和外资企业三种类型，分别对不同企业性质下企业 DVAR 对环境规制的反馈进行检验，具体结果如表 5 - 8 所示。可以看到，环境规制对外资企业和民营企业 DVAR 的提升具有积极的影响，且结果均通过了 1% 的显著性水平检验，进一步对比发现环境规制对外资企业 DVAR 的提升幅度更大。外资企业在资金和技术方面具有较强优势，面对环境规制其可以较快地对企业进行绿色转型发展，而民营企业竞争优势较强。相比而言，国有企业由于受到更多政策和融资支持，传统发展模式"路径依赖"严重，转型发展较为缓慢且存在一定复杂性（胡敏，2014），同时，国有企业由于承担着更多的政治经济任务和社会责任，致使政府补贴的创新激励效果存在局限性（许家云和徐莹莹，2019），因此环境规制对国有企业 DVAR 的提升并没有达到理想效果。

表 5 - 8   不同企业性质下环境规制和企业出口国内附加值率关系检验

变量	DVAR 国有企业 (1)	DVAR 国有企业 (2)	DVAR 外资企业 (3)	DVAR 外资企业 (4)	DVAR 民营企业 (5)	DVAR 民营企业 (6)
envirgov	- 0.0120 (0.0254)	- 0.0057 (0.0257)	0.0702 *** (0.0097)	0.0780 *** (0.0099)	0.0462 *** (0.0105)	0.0342 *** (0.0104)

续表

变量	DVAR 国有企业 （1）	DVAR 国有企业 （2）	DVAR 外资企业 （3）	DVAR 外资企业 （4）	DVAR 民营企业 （5）	DVAR 民营企业 （6）
age		0.0030 (0.0040)		0.0031 (0.0024)		0.0030 (0.0018)
fund		− 0.0169 *** (0.0042)		− 0.0197 *** (0.0010)		− 0.0062 *** (0.0010)
labor		− 0.0108 * (0.0062)		− 0.0193 *** (0.0014)		− 0.0058 *** (0.0013)
HHI		0.0454 * (0.0267)		− 0.0433 * (0.0247)		0.0033 (0.0229)
TFP		0.0120 ** (0.0057)		0.0487 *** (0.0015)		0.0327 *** (0.0017)
_cons	0.8493 *** (0.0169)	0.9169 *** (0.0524)	0.6934 *** (0.0228)	0.6151 *** (0.0443)	0.8294 *** (0.0083)	0.7388 *** (0.0134)
Time	是	是	是	是	是	是
Firm	是	是	是	是	是	是
Area	是	是	是	是	是	是
N	8565	8311	187625	183523	110206	108095
R^2	0.0227	0.0322	0.1272	0.1504	0.0274	0.0438

注：括号内数值为企业层面聚类稳健标准误；＊、＊＊、＊＊＊ 分别表示在 10%、5% 和 1% 的置信水平上显著。

5.4.3　稳健性检验

通过上述理论机理分析和实证检验可得，环境规制与企业出口国内附加值率的提升存在积极关系，且这一效果因企业环境基础和环境规制强度的不同而产生差异。为了对基准结果的科学性进行验证，本书在此进行测量误差检验、更换指标测算方法和变量替换检验、内生性问题探讨、更换研究方法检验以及其他稳健性检验等，对基本研究结果再次进行验证以确保结果的可信度。具体结果如下所述。

测量误差检验。为了减小数据应用带来的误差，本书选取 2000～2008 年中国工业企业数据库和中国海关贸易数据库中企业信息进行测量误差检验。同时，由于 2008 年起中国开始实施《环境信息公开办法（试行）》，正式开启了对中国重点城市环境信息情况的披露。这一环境政策的实施势必会对企业生产造成一定冲击，为了确保环境规制对企业 DVAR 影响的无偏有效估计结果，本书对受到这一政策影响的 113 个城市予以剔除，对 2000～2013 年环境规制对企业 DVAR 影响进行政策干扰的排除检验，具体结果如表 5-9 所示。列（1）～列（2）为使用 2000～2008 年企业数据作为研究对象进行的减小测量误差的检验，剔除受到环境信息披露影响的 113 个城市后的回归结果呈现在列（3）～列（4），列（5）～列（6）为结合了提高数据使用质量和排除其他环境政策干扰的检验，由此可得环境规制对企业 DVAR 依然具有积极提升作用。这一结果与基准结果一致，说明本书研究结果可信。

表 5-9　　　　　　　　　　　测量误差检验

变量	DVAR (1)	DVAR (2)	DVAR (3)	DVAR (4)	DVAR (5)	DVAR (6)
envirgov	0.0571 *** (0.0100)	0.0520 *** (0.0100)	0.0385 *** (0.0095)	0.0330 *** (0.0095)	0.0237 ** (0.0109)	0.0187 * (0.0109)
age		0.0075 *** (0.0018)		0.0084 *** (0.0019)		0.0057 *** (0.0021)
fund		-0.0092 *** (0.0010)		-0.0119 *** (0.0010)		-0.0088 *** (0.0011)
labor		-0.0183 *** (0.0015)		-0.0134 *** (0.0015)		-0.0155 *** (0.0017)
HHI		-0.0069 (0.0158)		-0.0237 (0.0166)		-0.0232 (0.0171)
TFP		0.0210 *** (0.0015)		0.0276 *** (0.0016)		0.0202 *** (0.0017)

续表

变量	DVAR (1)	DVAR (2)	DVAR (3)	DVAR (4)	DVAR (5)	DVAR (6)
_cons	0. 6469 *** (0. 0075)	0. 6794 *** (0. 0128)	0. 7123 *** (0. 0274)	0. 6458 *** (0. 0194)	0. 6832 *** (0. 0073)	0. 7007 *** (0. 0140)
Time	是	是	是	是	是	是
Firm	是	是	是	是	是	是
Area	是	是	是	是	是	是
N	183168	179270	173707	169406	154661	150796
R^2	0. 0786	0. 0826	0. 0747	0. 0829	0. 0704	0. 0742

注：括号内数值为企业层面聚类稳健标准误；*、**、*** 分别表示在 10%、5% 和 1% 的置信水平上显著。

更换指标测算方法和变量替换检验。本书基准回归部分企业出口国内附加值率的测算是基于国内中间品包含国外成分为 5% 条件下而得到的结果，这里基于库普曼等（Koopman et al.，2012）的研究结果将这一比例调整为 10% 并在此基础上对企业 DVAR 重新进行计算，对基准结果再次进行验证。同时，环境规制与以 PM2.5 排放为代表的地区大气质量紧密相关，环境规制效果越好，地区 PM2.5 排放量越低，因此，这里用 PM2.5 替换环境规制变量再次进行检验。为了保证数据质量，本书使用经过卫星灯光校准后的 PM2.5 数据展开分析，具体结果如表 5 - 10 所示。列（1）~ 列（2）为更换了出口国内附加值率测算方法后的检验结果，可以看到环境规制依然显著有助于提升企业 DVAR。列（3）~ 列（4）为灯光 PM2.5 作为环境规制代理变量的回归结果，可以看到 PM2.5 与企业 DVAR 间存在显著的反向抑制关系。可以认为，上述结果与基准结果一致。

表 5 - 10　　　　　　　　　更换指标测算方法和变量替换检验

变量	DVAR (1)	DVAR (2)	DVAR (3)	DVAR (4)
envirgov	0. 0540 *** (0. 0063)	0. 0524 *** (0. 0063)		

续表

变量	DVAR (1)	DVAR (2)	DVAR (3)	DVAR (4)
灯光 PM2. 5			− 0. 0008 *** (0. 0001)	− 0. 0007 *** (0. 0001)
age		0. 0103 *** (0. 0013)		0. 0086 *** (0. 0014)
fund		− 0. 0152 *** (0. 0006)		− 0. 0154 *** (0. 0007)
labor		− 0. 0130 *** (0. 0009)		− 0. 0135 *** (0. 0010)
HHI		− 0. 0315 * (0. 0173)		− 0. 0204 (0. 0193)
TFP		0. 0354 *** (0. 0011)		0. 0409 *** (0. 0012)
_cons	0. 6436 *** (0. 0190)	0. 5878 *** (0. 0346)	0. 7049 *** (0. 0106)	0. 6264 *** (0. 0126)
Time	是	是	是	是
Firm	是	是	是	是
Area	是	是	是	是
N	319078	312404	257736	252821
R^2	0. 1032	0. 1205	0. 1037	0. 1264

注：括号内数值为企业层面聚类稳健标准误；*、**、*** 分别表示在 10% 、5% 和 1% 的置信水平上显著。

内生性问题探讨。企业出口国内附加值率是对企业真实出口贸易利得的反映，这与企业生产行为紧密相关，而企业生产又是造成环境问题的主要源头之一，因此其反过来会对政府环境规制的进程和力度产生一定影响，基于此，模型设定可能存在潜在内生性问题。为了解决这一问题，本书选取地方政府工作报告中出现的与"环境"有关词汇的频数作为环境规制的代理变量进行工具变量检验。之所以选择地方政府工作报告中与"环境"有关词汇出现的频数作为工具变量，一方面是因为其出现的频数越高，代表政府对这类话题越重视，也就越有可能进行环境规制；另一方面政府工作报告中"环境"出现的次数并不受企业出口国内附加值率影响。鉴于此，本书采用二阶段最小二乘法（2SLS）进行工具变量检验，具体结果如表5－11所示。列（1）~列（2）为国内中间品所含国外成分比重为5%情形下的检验结果，列（3）~列（4）为将这一比重调整为10%条件下的回归结果，可得在解决模型内生性问题后，所有结果均显示环境规制对企业出口国内附加值率存在积极的促进作用，说明基准结果可信且有效。

表5－11　　　　　　　　　　工具变量检验

变量	DVAR (1)	DVAR (2)	DVAR (3)	DVAR (4)
envirgov	2. 5857 *** (0. 3536)	2. 2978 *** (0. 3453)	2. 5419 *** (0. 3405)	2. 2815 *** (0. 3337)
控制变量	否	是	否	是
Time	是	是	是	是
Firm	是	是	是	是
Area	是	是	是	是
N	277398	271096	283809	277394
F	123. 68	163. 79	124. 19	155. 33
第一阶段				
IV	− 0. 0032 *** (0. 0003)	− 0. 0030 *** (0. 0003)	− 0. 0032 *** (0. 0003)	− 0. 0031 *** (0. 0003)
Cragg – Donald Wald F statistic	87. 87	79. 35	90. 24	81. 69

注：括号内数值为企业层面聚类稳健标准误；*、**、*** 分别表示在10%、5%和1%的置信水平上显著。

更换研究方法检验。本书主体回归通过构建固定效应模型就环境规制对企业出口国内附加值率的影响进行了分析，为了进一步确保结果的科学性，这里采用双重差分法（DID）对二者关系进行更换研究方法的稳健性检验。本书选取 2012 年由国务院批准的重点区域大气污染防治"十二五"规划项目作为一项环境规制政策（*polit*），该政策涉及包括河北省在内的 19 个省区市①，其目的是改善大气质量等从而推进经济发展方式改变，这一环境政策的实施恰好可以被视为一项"准自然实验"。之所以选取该政策原因在于其与本书环境规制方式一致，均是通过政府行政命令方式展开，具体结果如表 5 - 12 所示。列（1）~列（2）为国内中间品包含国外成分为 5% 情况下的回归结果，列（3）~列（4）为将这一比例调整为 10% 条件下的回归结果，可以看出，在转换研究方法后，检验结果与基准回归结论一致，反映了基准结果稳健可信。

表 5 - 12　　　　　　　　更换研究方法的检验：DID 评估

变量	DVAR (1)	DVAR (2)	DVAR (3)	DVAR (4)
polit	0.0264 *** (0.0019)	0.0215 *** (0.0018)	0.0243 *** (0.0018)	0.0199 *** (0.0018)
age		0.0102 *** (0.0014)		0.0103 *** (0.0014)
fund		- 0.0173 *** (0.0007)		- 0.0150 *** (0.0006)
labor		- 0.0162 *** (0.0010)		- 0.0132 *** (0.0009)
HHI		- 0.0350 * (0.0180)		- 0.0327 * (0.0172)
TFP		0.0407 *** (0.0011)		0.0355 *** (0.0011)
_cons	0.9481 *** (0.0131)	0.6548 *** (0.0364)	0.9041 *** (0.0127)	0.6263 *** (0.0348)

----

① 重点区域大气污染防治"十二五"规划涉及的 19 个省区市具体包括北京市、天津市、河北省、山西省、辽宁省、上海市、江苏省、浙江省、福建省、山东省、湖北省、湖南省、广东省、重庆市、四川省、陕西省、甘肃省、宁夏回族自治区、新疆维吾尔自治区。

续表

变量	DVAR （1）	DVAR （2）	DVAR （3）	DVAR （4）
Time	是	是	是	是
Firm	是	是	是	是
Area	是	是	是	是
N	312553	305852	319188	312404
R^2	0.0917	0.1122	0.1033	0.1205

注：括号内数值为企业层面聚类稳健标准误；＊、＊＊、＊＊＊分别表示在 10%、5% 和 1% 的置信水平上显著。

其他稳健性检验。前面在经验检验过程中为了准确识别二者的因果关系，对时间变动影响、企业变动影响和地区变动影响进行了控制，而行业变动影响也会对企业生产产生一定作用，因此，本书在此进一步控制行业的变动影响，再次对环境规制带来的企业 DVAR 变动进行识别，主要涉及国内中间品包含国外成分为 5% 和 10% 两种情况下的检验，具体结果如表 5-13 所示。列（1）~列（2）为没有添加行业固定效应的基准回归结果，列（3）~列（4）为国内中间品包含国外成分为 5% 时添加了行业固定效应的回归结果，列（5）~列（6）是将这一比例调整为 10% 条件下的结果，可以看出，对比之下在添加了行业固定效应后，环境规制对企业 DVAR 的提升依然具有显著的促进作用，且提升幅度并未发生较大改变，由此反映出本书基准结果稳健。

表 5-13　　　　　　　　　增加行业固定效应的检验

变量	DVAR （1）	DVAR （2）	DVAR （3）	DVAR （4）	DVAR （5）	DVAR （6）
envirgov	0.0560 *** （0.0066）	0.0540 *** （0.0066）	0.0563 *** （0.0066）	0.0540 *** （0.0066）	0.0545 *** （0.0063）	0.0524 *** （0.0063）
age		0.0102 *** （0.0014）		0.0100 *** （0.0014）		0.0101 *** （0.0014）

续表

变量	DVAR (1)	DVAR (2)	DVAR (3)	DVAR (4)	DVAR (5)	DVAR (6)
fund		-0.0176*** (0.0007)		-0.0175*** (0.0007)		-0.0152*** (0.0006)
labor		-0.0160*** (0.0010)		-0.0159*** (0.0010)		-0.0130*** (0.0009)
HHI		-0.0338* (0.0181)		-0.0350* (0.0183)		-0.0324* (0.0175)
TFP		0.0407*** (0.0011)		0.0419*** (0.0011)		0.0366*** (0.0011)
_cons	0.6689*** (0.0195)	0.6154*** (0.0362)	0.6733*** (0.0388)	0.6219*** (0.0499)	0.6480*** (0.0371)	0.5944*** (0.0475)
Time	是	是	是	是	是	是
Firm	是	是	是	是	是	是
Area	是	是	是	是	是	是
Industry	否	否	是	是	是	是
N	312445	305852	305482	299133	312019	305589
R^2	0.0915	0.1122	0.0919	0.1137	0.1038	0.1222

注：括号内数值为企业层面聚类稳健标准误；*、**、*** 分别表示在 10%、5% 和 1% 的置信水平上显著。

5.5　动态效应识别

5.5.1　滞后效应检验

前面证实了环境规制确实有助于推动制造业企业出口升级，但事实上，企业生产行为具有持续性特点，当期的产出会直接受到前一期产出水平的影响，即存在滞后影响。原因在于，企业技术发展和生产力水平存在"黏性",短期内企业发展水平提升幅度有限,基于这一考虑,本书进一步考察了滞后效应影响。在基准模型中添加进出口国内附加值率的滞后一阶项,从动态发展角度来把握二者关系,具体结果如表 5 – 14 所示。可以看到,企业出口国内附加值率滞后一期对当期 DVAR 的变动有显著的正向影响,而在模型中添加了出口国内附加值率滞后一期项后其回归结果同基准回归结果一致,即环境规制能够显著推进制造业出口升级。对不同发展程度和环境类型企业而言,环境规制对企业出口国内附加值率的动态影响也呈现出积极的促进效果,特别是对低附加值企业 DVAR 的提升效果更优,与前面结论一致。

表 5 – 14　环境规制影响企业出口国内附加值率的滞后效应检验

变量	DVAR 全样本 （1）	DVAR 低附加值— 低污染 （2）	DVAR 低附加值— 高污染 （3）	DVAR 高附加值— 低污染 （4）	DVAR 高附加值— 高污染 （5）
L. DVAR	0. 2683 *** （0. 0047）	0. 1603 *** （0. 0082）	0. 1557 *** （0. 0080）	0. 0821 *** （0. 0033）	0. 0802 *** （0. 0031）
envirgov	0. 0665 *** （0. 0069）	0. 0830 *** （0. 0233）	0. 0824 *** （0. 0225）	0. 0091 ** （0. 0037）	0. 0061 * （0. 0034）
age	0. 0068 *** （0. 0018）	– 0. 0040 （0. 0072）	0. 0174 ** （0. 0071）	0. 0015 * （0. 0009）	0. 0010 （0. 0009）
fund	– 0. 0160 *** （0. 0008）	– 0. 0261 *** （0. 0026）	– 0. 0203 *** （0. 0026）	– 0. 0025 *** （0. 0004）	– 0. 0025 *** （0. 0004）
labor	– 0. 0107 *** （0. 0011）	– 0. 0101 *** （0. 0038）	– 0. 0084 ** （0. 0036）	– 0. 0025 *** （0. 0006）	– 0. 0027 *** （0. 0006）
HHI	– 0. 0301 （0. 0198）	– 0. 1165 （0. 0984）	– 0. 0626 （0. 0466）	– 0. 0210 （0. 0166）	– 0. 0038 （0. 0099）
TFP	0. 0498 *** （0. 0014）	0. 0806 *** （0. 0041）	0. 0726 *** （0. 0041）	0. 0071 *** （0. 0006）	0. 0067 *** （0. 0006）
_cons	0. 3083 *** （0. 0115）	0. 0799 ** （0. 0352）	0. 0449 （0. 0366）	0. 8153 *** （0. 0062）	0. 8169 *** （0. 0061）

续表

变量	DVAR 全样本 (1)	DVAR 低附加值— 低污染 (2)	DVAR 低附加值— 高污染 (3)	DVAR 高附加值— 低污染 (4)	DVAR 高附加值— 高污染 (5)
Time	是	是	是	是	是
Firm	是	是	是	是	是
Area	是	是	是	是	是
N	180891	30345	32692	57316	60538
R^2	0.1994	0.1762	0.1597	0.1274	0.1287

注：括号内数值为企业层面聚类稳健标准误；*、**、*** 分别表示在 10%、5% 和 1% 的置信水平上显著。

5.5.2　经济集聚及政府—市场关系的外部性检验

由于政策的实施和企业的发展都处于各类业已形成的经济环境之下，对于政策评估或对企业生产结果反馈的分析均无法从各类经济环境中割裂开来，因此，本书从经济集聚（ag）和政府—市场关系的处理（market）角度出发，针对这两类经济环境带来的对环境规制和企业 DVAR 积极关系的外部性影响进行进一步讨论。之所以选择经济集聚作为外部性影响，是因为以资本、技术和人力资本等为代表的重要生产要素资源在经济发达地区的集聚所产生的"促进效应"对地区的影响越来越深刻，其所带来的成本节约和知识技术的溢出影响极大地推动着地区产业结构的变迁和制造业等行业的升级、发展，因此，经济集聚对环境规制下的地区制造业发展带来的外部性影响应当进行详细分析。政府和市场关系的处理可以较好地反映政府干预和市场经济发展之间的关系，环境规制下企业真实贸易利得的变动是否会受到一个地区政府—市场配合程度高低的外部性影响值得讨论，具体结果如表 5-15 所示。

表 5 - 15   经济集聚和政府—市场关系的外部性检验

变量	DVAR (1)	DVAR (2)	DVAR (3)	DVAR (4)
envirgov	0.0509 *** (0.0066)	0.0482 *** (0.0066)	0.0087 (0.0128)	0.0191 (0.0128)
Envirgov × ag	0.0130 *** (0.0013)	0.0143 *** (0.0013)		
Envirgov × market			0.0061 *** (0.0013)	0.0045 *** (0.0013)
age		0.0099 *** (0.0014)		0.0102 *** (0.0014)
fund		- 0.0178 *** (0.0007)		- 0.0177 *** (0.0007)
labor		- 0.0160 *** (0.0010)		- 0.0160 *** (0.0010)
HHI		- 0.0320 * (0.0183)		- 0.0338 * (0.0180)
TFP		0.0409 *** (0.0011)		0.0405 *** (0.0011)
_cons	0.6696 *** (0.0190)	0.6166 *** (0.0358)	0.6716 *** (0.0195)	0.6182 *** (0.0362)
Time	是	是	是	是
Firm	是	是	是	是
Area	是	是	是	是
N	311613	305043	312445	305852
R^2	0.0927	0.1136	0.0917	0.1123

注：括号内数值为企业层面聚类稳健标准误；*、**、*** 分别表示在 10%、5% 和 1% 的置信水平上显著。

从列（1）~列（2）可以看出，在经济集聚这一外部环境下，环境规制对企业 DVAR 的提升具有积极作用。这一结果源于经济集聚带来的交易成本节约对推动企业 DVAR 提高有积极影响，同时，集聚会加速新知识和技术的扩散，在知识的"溢出效应"和集聚的"促进效应"共同作用下，地区整体的技术水平会得以更新和升级，从而加速地区企业 DVAR 的提高。从列（3）~列（4）可知，政府和市场关系的处理得分越高的地区，环境规制对企业 DVAR 的提升也具有积极影响。政府—市场关系得分越高的地区，意味着市场经济发展制度、秩序等越完善，资源配置效率越高，而环境规制下对不符合标准的企业的"淘汰机制"和推动企业由要素投入型向技术密集型转型发展的"促进机制"会得到最大限度地发挥，因此，政府—市场关系的良好处理有助于强化环境规制对企业 DVAR 提高的积极影响。综上所述，经济集聚和政府—市场关系的较好处理均能够为环境规制对企业出口升级的积极影响提供良好的外部环境，对二者间的积极关系起到强化作用。

5.6 本 章 小 结

面对市场经济自由发展对环境带来的负外部性，对市场失灵的纠正是必要的。政府干预作为弥补市场失灵的重要方式，其对地区微观企业行为的约束能够为改善环境质量提供保障。而微观企业作为地区发展的重要经济主体，其生产行为会对环境产生直接影响，包括生产原料的获取、生产方式以及生产结果的外溢影响等，而政府政策实施的直接作用对象为企业，因此政府会通过对企业行为的引导来改善环境质量。中国目前依然属于制造业大国，如何兼顾环境规制效果和推动中国向制造业强国转变，实现中国出口国内附加值率的提高进而实现中国在全球价值链位置的攀升值得深入讨论。基于此，本章就行政命令型环境规制对企业出口国内附加值率的影响展开分析，并基于企业发展程度和环境类型、环境规制程度等展开具体讨论。随后本章分别从地区要素禀赋、要素密集度和企业性质三个方面就环境规制对企业出口升级的异质性影响进行了识别。最后，为了更全面地考察环境规制带来的影响以及克服静态模型的缺陷，本章进一步对二者关系进行了动态的扩展性分析，即滞后效应分析和其他因素影响的外部性检验，从更全面的视角展开对环境规制和企业真实贸易利得变动关系的研究，上述研究在经过一系列稳健性检验后均成立。

本章考察了环境规制和企业出口国内附加值率的因果关系，研究发现环境规制能够显著促进企业出口国内附加值率提升，且这一结果对低附加值企业 DVAR 的促进作用效果更显著，特别是低附加值且低污染型企业，而高附加值企业是中国制造业面临转型发展的方向，因此这也从侧面说明环境规制对高附加值企业的积极影响值得进一步关注。同时，较低的环境规制程度对企业出口升级的影响不理想，但随着环境规制程度的提升，其对企业出口升级的促进作用显现，反映出环境规制程度应基于现实不断动态调整。

环境规制对要素禀赋优越的东部地区企业 DVAR 提升具有显著作用，而要素禀赋资源较为匮乏的中西部地区企业对环境规制的反馈效果并不理想。进一步地，在劳动密集型生产为比较优势的大背景下，环境规制对这一类型企业 DVAR 的提升效果最优，而对技术密集型企业 DVAR 的促进效果最弱。中国制造业由制造大国向制造强国转变的关键是提高企业生产的技术复杂度，因此想要推动这一转变顺利实现，以技术密集型企业为代表的高附加值企业在进一步变革发展中需要得到更多关注。就企业类型来看，环境规制对外资企业和民营企业 DVAR 的提升有积极影响，对国有企业则产生了抑制作用。此外，从动态发展角度出发，相比于静态回归结果，考虑了动态发展情况后，环境规制对企业 DVAR 的提升效果更好。同时，经济集聚的出现和政府—市场关系的良好处理有助于强化环境规制对企业出口升级的积极影响。综上本章研究可得，环境规制能够显著促进中国制造业企业出口国内附加值率的提升，但在这一过程中政府需要加大对以技术密集型企业为代表的高附加值企业转型发展、中西部地区企业发展以及国有企业转型发展的关注，同时推进构建更加完善的有利于企业发展的外部环境。

第6章 环境规制、企业多元技术创新与企业出口国内附加值率关系研究

6.1 引　言

环境规制有助于促进制造业企业出口国内附加值率的提升，意味着产品中国内贡献的价值得到了增加。从生产上看，产品价值的变动与技术复杂度水平紧密相关（王思语和郑乐凯，2019），前者的增加可以视为产品技术复杂度的升高，说明在生产过程中企业生产技术进行了调整或根本性的变革，从而引发了产成品价值含量的变动。企业生产结果的变化从源头来看是通过企业生产过程的变动传导所致，因此，深入分析环境规制对企业出口国内附加值率变动的影响首先应当从企业层面特别是企业生产的革新进行探究。此外，环境规制是以改善地区环境质量为目的的（Xu and Wu, 2020；Liu et al., 2021），作为区域重要的市场主体之一，企业发展对环境产生的负外部性势必会受到严格约束，为了达到环保考核要求，企业会加快转变粗放型的生产方式和提高生产效率（于文超和何勤英，2014；Xie et al., 2017），在这一发展变革中企业创新动能会受到极大的激发。环境规制的对象主要是微观企业，其会通过技术的有效变革来满足环保要求，那么企业技术创新动能的激发就值得引起关注。

环境规制会"倒逼"企业进行技术革新（Zhao and Sun, 2016；陈宇

科等，2021；Shao et al.，2020），技术创新的实现又有利于引发企业发展模式的根本性变革，从对企业的影响来看，技术革新会提高企业全要素生产率从而直接增加中间品或最终品的价值含量；从对环境影响来看，其会降低企业对环境的负外部性影响，加速地区环境质量的改善（Levinson，2007）。但对企业而言，企业的技术创新成本会影响技术创新项目的决策（Gong et al.，2010），技术创新带来积极影响的有效释放必须建立在对企业成本"抵补"的基础上，也就是"成本补偿效应"须成立，那么，环境规制下企业出口真实贸易利得的增加是否是依靠企业技术创新动能成功激发实现的值得探究。进一步地，面对环境规制，企业进行技术革新也会存在不同方式，通过自主研发的技术创新和依靠购买成熟设备的依赖型技术创新都会提高企业生产力水平并加速其生产方式的转变，但是这两类技术创新的发展对环境规制的反馈结果是否会存在不同尚需要详细剖析，即企业会对这两类方式作何选择也同样值得深入分析。同时，在此基础上讨论不同技术创新类别在环境规制对企业出口国内附加值率变动影响中发挥的作用也是探寻当下更好地完善技术创新发展的外部环境的参考依据。

本章从企业层面出发，以不同类型技术创新动能发展为视角，针对环境规制、不同技术创新动能的激发以及企业出口国内附加值率变动关系展开详细分析。具体地，面对环境规制，不同类型的技术创新会得到怎样的发展？其在环境规制对企业出口国内附加值率的影响中发挥着怎样的作用？此外，不同发展程度和环境类型企业技术创新的可持续性是否存在差别？进一步地，在环境规制下企业对不同类别技术创新的选择逻辑等都是本章重点要考察的内容。

6.2　理 论 机 理 与 假 设 提 出

由于微观企业是污染排放的主要主体，因此，政府环境规制最终需要通过对企业的作用来实现，企业会成为环境规制的重点对象。为了满足环境考核需要和环保要求，企业会加快转变生产方式，提升生产效率（Haraoka and Naoyuki，2009；Hall et al.，2013；Pozoet et al.，2021）从而达到节约资源和控制污染排放的目的（Cui et al.，2015）。之所以会聚焦于技术创新一方面源于技术变革是推动企业发展方式转变的关键，另一方面技术是企业占据市场份额，获得竞争优势的核心要素（Elias et al.，2000），因此，环境规制对企业生产的影响，可以被视为对企业技术变革的影响。

在环境规制下，企业会大力聚焦于技术创新领域，加速改变生产模式从而获得市场竞争优势。在对技术创新投资的选择上，存在增加自身研发支出的自主型技术创新投入和增加固定资产购买的依赖型技术创新投入两种，由于自主型技术创新行为持续周期长且技术成熟结果的风险较大（Messinis and Ahmed，2013），因此相对于这类创新投入而言，环境规制背景下企业更倾向于选择以固定资产投资为代表的依赖型技术创新类型。依赖型技术创新能够较快地满足企业当下的生产革新需求（Jacob and Groizard，2007），同时又大大降低了企业研发过程和结果的风险，因此，相比于增加自主型技术创新投入而言，环境规制对企业依赖型技术创新投入的推动效果更加显著。进一步地，环境规制由于促进了企业技术创新的发展，从根本上改变了企业的发展模式并提升了生产效率，因此，企业创新产出水平在这一背景下也会随之得到大幅提升，结合前面对创新投入增加的分析可以认为，环境规制能够有效地推动企业创新行为的发生。

假设6-1：环境规制有助于激发企业创新动能，且对依赖型技术创新投入增长的影响尤为显著。

在政府环境规制实施背景下，企业技术革新得到了极大的激发（Zhang et al.，2018），这一结果从本质上看体现在企业出口产品的国内价值程度上。本章在借鉴基和唐（Kee and Tang，2016）与哈尔朋等（Halpern et al.，2015）模型的基础上试图讨论技术创新对企业出口国内附加值率（DVAR）的影响，技术创新直接作用于微观企业生产率引入企业的生产决策过程。

6.2.1 消费者需求模型设定

本书借鉴梅里兹（Melitz，2003）对消费者需求模型的界定，采用不变替代弹性消费者效应函数，具体表达模型如下所示：

$$U = \left[\int_{i \in \Phi} q(i)^{\rho} di \right]^{1/\rho} \tag{6-1}$$

其中，Φ 表示提供的消费品种类，这些消费品是可以被替代的 $0 < \rho < 1$，且两种商品的替代弹性为 $\eta = 1/(1-\rho) > 1$。通过考虑把消费的商品集看作与总价格相关的总产品 $Q \equiv U$，模型化消费者行为的总价格如下所示：

$$P = \left[\int_{i \in \Phi} p(i)^{1-\eta} di \right]^{1/1-\eta} \tag{6-2}$$

因此，每种商品 i 的最优需求函数为：

$$q(i) = Q \left[\frac{p(i)}{P} \right]^{-\eta} \tag{6-3}$$

6.2.2 企业生产模型设定

企业的生产需要资本、劳动力、中间产品以及生产技术，在前面分析的基础上，考虑中间投入品的企业生产函数定义如下：

$$q = \Omega K^{\alpha} L^{\beta} M^{\gamma} \tag{6-4}$$

其中，Ω 衡量企业的生产率且其增长速度符合指数增长原则。K 和 L 分别表示企业生产过程中投入的资本和劳动，M 表示中间产品的投入，由进口中间产品 M_I 和国内中间产品 M_D 加总构成：

$$M = \left(M_D^{(\sigma-1)/\sigma} + M_I^{(\sigma-1)/\sigma} \right)^{\sigma/(\sigma-1)} \tag{6-5}$$

其中，σ 表示国内中间产品与国外中间产品的替代弹性，$\sigma > 1$。假设国内中间产品的总价格为 P_D，国外中间产品的总价格为 P_I，由式（6-5）

可以得到企业中间产品的总价格为：

$$P_M = \left[P_D^{1-\sigma} + P_I^{1-\sigma} \right]^{1/(1-\sigma)} \qquad (6-6)$$

企业根据利润最大化与成本最小化进行生产时，满足如下条件：

$$\begin{cases} \min C = P_M M + wL + rK \\ \text{s. t. } \Omega K^\alpha L^\beta M^\gamma = \bar{q} \end{cases} \qquad (6-7)$$

其中，w 和 r 分别表示企业付出的工资和资本利息。基于式（6-7）得到以下关系：

$$C = \frac{\bar{q}}{\Omega} \left(\frac{r}{\alpha} \right)^\alpha \left(\frac{w}{\beta} \right)^\beta \left(\frac{P_M}{\gamma} \right)^\gamma \qquad (6-8)$$

在环境规制实施背景下，企业为了满足环保考核要求会改进生产方式，通过技术革新节约资源从而实现生产效率的增长，而这一结果会对企业成本产生直接影响，即通过技术创新的实现对企业成本进行有效抵补进而实现"创新补偿效应"。而企业生产率又遵循指数增长法则，因此式（6-8）进行变换得到环境规制背景下企业技术创新对成本的界定：

$$\begin{cases} \bar{\Omega} = \Omega e^\tau \\ \bar{C} = \frac{\bar{q}}{\Omega_{e^\tau}} \left(\frac{r}{\alpha} \right)^\alpha \left(\frac{w}{\beta} \right)^\beta \left(\frac{P_M}{\gamma} \right)^\gamma \end{cases} \qquad (6-9)$$

其中，e^τ 表示技术创新对企业生产率的增长作用，τ 表示技术创新且 $\tau > 0$。$\bar{\Omega}$ 和 $\bar{C}$ 分别表示技术创新下的企业生产率与企业的成本。根据企业利润最大化的准则，企业销售额与成本之差最大为：

$$\text{Max}: \pi = pq - C(q) \qquad (6-10)$$

结合式（6-3）、式（6-8）、式（6-9）以及式（6-10）可以得到：

$$\frac{C_{(q)}}{pq} = 1 - \frac{1}{\eta} \qquad (6-11)$$

$$\frac{C_{(q)}}{pq} = \left(1 - \frac{1}{\eta}\right)e^{-\tau} \tag{6-12}$$

式（6-11）表示没有技术创新发生时企业的成本加成，式（6-12）衡量拥有技术创新因子后对总投入与总产出比值的影响。

根据相关指标的测算原理，即 $DVAR = 1 - \frac{P_I M_I}{pq}$，经过整理可得到企业 $DVAR$ 为：

$$DVAR = 1 - \frac{P_I M_I}{pq} = 1 - \frac{P_I M_I}{P_M M}\frac{P_M M}{C(q)}\frac{C(q)}{pq} = 1 - \gamma\left(1 - \frac{1}{\eta}\right)e^{-\tau}\frac{P_I M_I}{P_M M} \tag{6-13}$$

根据式（6-6），企业投入中间产品满足 $\dfrac{\partial \ln \frac{M_I}{M_D}}{\partial \ln \frac{P_I}{P_D}} = \sigma$，结合式（6-13）、式（6-8）、式（6-9）以及式（6-12）将企业出口国内附加值率进一步整理为：

$$DVAR = 1 - \gamma e^{-\tau}\left(1 - \frac{1}{\eta}\right)\frac{1}{1 + (P_I/P_D)^{\sigma-1}} \tag{6-14}$$

根据式（6-14）对技术创新因子 τ 求一阶偏导，得到如下公式：

$$\frac{\partial DVAR}{\partial \tau} = \gamma \tau\left(1 - \frac{1}{\eta}\right)e^{-\tau-1}\frac{1}{1 + (P_I/P_D)^{\sigma-1}} \tag{6-15}$$

因为 $\tau > 0$，$\eta > 1$，$\sigma > 1$，所以企业出口国内附加值率对技术创新一阶偏导大于 0，可知技术创新对前者的提升存在积极影响。环境规制能够有效地激励企业进行技术创新，特别是对依赖型技术创新投入的关注和创新产出的影响尤为显著，对于前者而言，由于受到创新投入的激励作用，企业生产力水平和生产效率会得到大幅提升。对于后者即创新产出而言，企业生产的产品所蕴含的国内价值得到提升得以实现。因此，环境规制通过推动企业依赖型技术的革新，并综合创新产出的共同作用，使企业产品所包含的国内价值贡献程度实现跃升。

假设 6 - 2：从企业层面来看，环境规制对制造业企业出口国内附加值率的提升作用主要是通过促进企业依赖型技术创新投入和创新产出的增加实现的。

环境规制能够对企业技术创新动能的激发起到积极作用，但受到企业自身技术基础和污染程度基础差异影响，不同类别企业对此的反馈会有所差别。环境规制会改变所有企业的行为（胡元林和陈怡秀，2014），由于高附加值企业的产品技术含量较高，因此这类企业对技术创新的关注度更高，环境规制对高附加值型企业技术创新投入的推动效果更优。高附加值企业相对于低附加值企业来说，其产品技术复杂度更高，技术创新周期较长且风险也较大，基于此，前者的技术创新投入成功转化成创新产出相较于后者而言难度更大，因此，环境规制对低附加值企业创新产出的推动效果相对更为显著。

假设 6 - 3：环境规制对高附加值型企业创新投入推动效果更好，对低附加值型企业创新产出的推动效果更显著。

6.3　模型设定与指标选取

6.3.1　模型设定

本章主要从企业技术创新动能激发角度切入，试图剖析环境规制对企业不同类型技术创新发展的影响，以及详细分析在这一背景下企业更倾向于通过自主型技术创新还是依赖型技术创新来实现出口国内附加值率的提升。基于这一目的，本章通过构建环境规制、企业技术创新和出口国内附加值率在内的中介效应模型进行影响机制检验。具体模型建立如下所示：

$$DVAR_{ati} = \alpha_0 + \alpha_1 envirgov_{at} + \sum Control_{ati} + \mu_i + \tau_t + \omega_a + \varepsilon_{ati}$$

$$(6-16)$$

$$techput_{ati} = \delta_0 + \delta_1 envirgov_{at} + \sum Control_{ati} + \mu_i + \tau_t + \omega_a + \varepsilon_{ati}$$

$$(6-17)$$

$$techout_{ati} = \theta_0 + \theta_1 envirgov_{at} + \sum Control_{ati} + \mu_i + \tau_t + \omega_a + \varepsilon_{ati}$$

$$(6-18)$$

$$DVAR_{ati} = \vartheta_0 + \vartheta_1 envirgov_{at} + \vartheta_2 tech_{ati} + \sum Control_{ati} + \mu_i$$
$$+ \tau_t + \omega_a + \varepsilon_{ati}$$

$$(6-19)$$

$$DVAR_{ati} = \rho_0 + \rho_1 envirgov_{at} + \rho_2 Fixset_{ati} + \rho_3 techout_{ati} + \mu_i$$
$$+ \tau_t + \omega_a + \varepsilon_{ati}$$

$$(6-20)$$

在上式中，式（6-16）和基准模型相同，主要考察环境规制和出口国内附加值率总体关系。$techput_{ati}$ 代表 a 地区第 t 年企业 i 的技术创新投入，由自主型技术创新 RD_{ati} 和依赖型技术创新 $fixset_{ati}$ 分别构成相关代理变量，其中自主型技术创新选取企业研发投入来表示，依赖型技术创新选取企业固定资产投入来表示。$techout_{ati}$ 表示 a 地区第 t 年企业 i 的技术创新产出，本章通过企业新产品产值占工业销售产值比重进行衡量。$tech_{ati}$ 为企业 i 的技术创新水平，分别由依赖型技术创新投入 $fixset_{ati}$ 和创新产出 $techout_{ati}$ 表示。式（6-20）表示在同时考虑了环境规制、依赖型技术创新投入和技术创新产出情况下建立的模型。μ_i、τ_t、ω_a 分别为企业个体（$Firm$）、时间（$Time$）和地区（$Area$）固定效应，ε_{ati} 表示随机干扰项。其中，δ_1、θ_1、ϑ_1 和 ρ_1 是这里关注的焦点。

进一步地，本章仍然关注环境规制对不同发展程度和环境类型企业技术创新动能激发的影响，具体而言即环境规制对不同类别企业创新投入、创新产出的影响，基于此，本章构建如下模型展开经验检验：

$$techput_{ati} = a_0 + a_1 envirgov_{ati} \times syn_{ati} + \sum Control_{ati} + \mu_i + \tau_t + \omega_a + \varepsilon_{ati}$$

$$(6-21)$$

$$techout_{ati} = b_0 + b_1 envirgov_{ati} \times syn_{ati} + \sum Control_{ati} + \mu_i + \tau_t + \omega_a + \varepsilon_{ati}$$

$$(6-22)$$

其中，$techput_{ati}$为 a 地区第 t 年企业 i 的技术创新投入，同上所述，这里用自主型技术创新 RD_{ati} 和依赖型技术创新 $fixset_{ati}$ 分别表示。$techout_{ati}$ 表示企业 i 的技术创新产出，$envirgov_{ati}$ 为环境规制水平，syn_{ati} 表示不同环境类型和发展程度企业，具体为低附加值且低污染型企业、低附加值且高污染型企业、高附加值且低污染型企业和高附加值且高污染型企业四类。

6.3.2 指标选取

对于不同技术创新类别，本章主要从技术创新投入角度进行划分，包括自主型创新和依赖型创新两种，并结合技术创新产出，对企业技术创新行为带来的相关影响展开多维角度分析。进一步地，本章还试图详细剖析了企业不同类型技术创新的发展与企业成本间的关系，以期明确环境规制下企业对不同技术创新投入选择背后的逻辑。综合本章研究内容，具体指标选取如下所述。

被解释变量：企业技术创新发展、企业成本以及企业出口国内附加值率。针对企业技术创新发展，本书以不同类型技术创新投入和创新产出作为研究对象，具体地，选取以企业研发投入为代表的自主型技术创新和以固定资产投资为代表的依赖型技术创新作为技术创新投入的代理变量，选取企业新产品产出占工业销售产出的比重作为创新产出的度量变量。之所以将研发投入视为自主型技术创新是从企业内部发展视角出发考虑的，研发投入的增加意味着企业通过投资自己进行内部科技创新，企业技术水平的提升从根本上依赖于自身的发展，因此本章将研发投入视为企业自主型技术创新。将固定资产投资的增加视为依赖型技术创新源于企业直接通过外部采购方式来提升技术水平，这种依赖其他企业技术创新得到的发展对企业而言是存在外部依赖关系的，因此被视为依赖型技术创新。企业成本的核算参考许和连和王海成（2016）、耿伟和杨晓亮（2019）的计算方式。企业出口国内附加值率作为本书贯穿始终的研究对象，这里的计算方式依然同前所述，采用企业国内中间品投入占企业总产出的比重表示。

核心解释变量：环境规制和企业技术创新水平。本章主要关注环境规制对企业不同技术创新动能的激发和出口国内附加值率变动的影响，因此，环境规制是本章重要的核心解释变量之一。为了更科学地测算地区环境规制程度，本章环境规制指标选取与第4章和第5章的指标选取保持一致，通过熵权法的计算最终得到地区环境规制程度。由于本章还讨论了企业技术创新行为的持续性、技术创新与企业成本的关系，因此，企业技术创新投入和创新产出也同样是本章重要的核心解释变量。

控制变量。首先，针对企业技术创新发展，刘（Liu，2021）认为，充分发挥人力资本的作用有助于促进企业创新发展，因此，这里将企业劳动力投入在回归时进行控制。企业生产率水平会受到资本密集度的影响（Lee，2011），因此这里将企业资本密集度添加进模型中予以控制。进一步地，与企业发展相关的其他变量包括企业营业持续时间、行业集中度和企业全要素生产率也会对企业技术变革产生影响，故将上述三个变量同样放置进模型中进行控制。其次，会对出口国内附加值率产生影响的其他变量选取均与第5章中的控制变量选取保持一致。最后，针对企业成本，由于成本会受到总营业额和净营业收入的影响（Yang et al.，2018），因此，这里将企业销售总收入和企业利润添加进模型中予以控制。此外，企业新产品产值和出口交货值与企业产量直接相关，也会对企业成本产生影响，这里同样在实证回归时将上述两个变量进行控制。

6.3.3 数据来源

本章微观企业数据来源于中国工业企业数据库和中国海关贸易数据库，与环境相关的指标主要来源于《中国环境年鉴》。为了更清晰地呈现本章所有变量信息，这里首先对所有变量进行解释说明，具体如表6-1所示。

表 6 – 1 所有变量的解释说明

变量	变量含义	计算方法
envirgov	行政命令型环境规制	首先，对工业废水排放达标率、工业二氧化硫排放达标率、工业烟尘排放达标率和工业固体废物利用率四个变量进行标准化处理。其次，基于熵权法公式进行核算，即 $E_j = -\ln(m)^{-1} \sum_{i=1}^{m} P_{ij}\ln(P_{ij})$，其中 $P_{ij} = x_{ij}/\sum_{i=1}^{m} x_{ij}$。$W_j = (1 - E_j)/\sum_{j=1}^{n}(1 - E_j)$，其中，$E_j$ 表示信息熵，m 代表研究目标总数，x_{ij} 为具体元素，P_{ij} 可被视为每个元素对所在特征下的贡献程度，而 W_j 表示在信息熵基础上计算的权重
RD	企业自主型技术创新投入	企业研发支出额
fixset	企业依赖型技术创新投入	企业固定资产投资额
techout	企业创新产出	新产品产值占工业销售产值的比重
DVAR	企业出口国内附加值率	（1 – 企业进口中间品投入/企业总产出）
age	企业营业持续时间	（企业开业年份 – 当期年份 + 1）取对数
fund	企业资本密集度	（固定资产净值均值/企业雇用员工数均值）取对数
labor	劳动力投入数量	企业雇用员工总人数取对数
HHI	行业集中度	$\sum_f (E_i^f/E_i)^2$，其中 E_i^f 为行业 i 中企业 f 雇用的劳动力量，E_i 表示行业 i 中总劳动力雇用量
TFP	企业全要素生产率	采用半参数回归法，迭代次数设置为 50 且置信区间为 95%，将企业雇用员工数量、固定资产、工业增加值和中间品投入纳入对 TFP 的估算中来，其中中间品投入作为工具变量来解决 TFP 生产过程中的内生性问题
cost	企业成本	（企业管理费用 + 财务费用 + 销售费用 + 主营业务成本 + 主营业务应付工资额 + 主营业务应付福利费）
sale	企业销售收入	企业销售收入总额
export	企业出口交货值	企业出口交货值总额
profit	企业利润额	企业利润总额
product	企业新产品产值额	企业新产品产值总额

同时，为了确保所选变量的有效性，这里对所选数据的科学性和合理性进行检验，经过检验后可以发现，所有变量的取值均在合理范围内，说明本章变量选择可信，具体结果如表6-2所示。

表6-2   所有变量的描述性统计分析

变量	样本量	均值	标准差
envirgov	312459	0.7047	0.2511
RD	127990	0.0857	1.3665
fixset	312406	1.0740	11.0244
techout	312567	0.1102	0.6513
DVAR	312567	0.7999	0.2240
age	312042	2.1333	0.6683
fund	310036	3.2200	1.4127
labor	311270	5.5399	1.1917
HHI	312567	0.0005	0.0169
TFP	306426	4.8133	0.8919
cost	181981	2.3855	15.9817
sale	312411	3.7267	30.4917
export	301650	1.0661	12.0740
profit	312359	0.2364	5.1989
product	170467	0.4080	6.2104

6.4 环境规制对企业多元创新动能激发与出口国内附加值率的影响

6.4.1 基准回归结果

本书首先考察环境规制对不同技术创新发展的影响。首先，就环境规制对以研发投入为代表的企业自主型技术创新和以固定资产投资为代表的依赖型技术创新以及创新产出的影响进行分析，具体结果如表 6 – 3 所示。通过回归结果可以看到，环境规制的实施有助于提升企业研发投入、固定资产投资以及创新的产出水平，其中，环境规制程度提高 1 个单位，固定资产投资能够增加 0.8456 个单位，这一结果通过了 10% 的置信水平检验。环境规制程度提高 1 个单位，创新产出会增加 0.1110 个单位，且通过了 1% 的置信水平检验。综上，环境规制的推进有助于促进企业自主型技术创新和依赖型技术创新，但对后者影响更显著，并且也显著推动了企业创新产出水平的提高。在环境规制下，企业产出为了符合环保标准，会通过内部和外部技术力量对企业生产行为进行革新，由依赖要素投入扩大生产逐渐转向为依赖技术革新和提高生产效率扩大生产，说明环境规制对推动企业技术创新动能的激发有显著效果。进一步地对比环境规制对自主型技术创新和依赖型技术创新的影响，通过回归系数和显著性水平检验结果可以看到，环境规制对以固定资产投资为代表的依赖型技术创新动能激发的影响要大于对以研发投入为代表的自主型技术创新动能激发的影响。

表 6 – 3　　　环境规制对企业不同类型技术创新投入和创新产出的影响分析

变量	RD (1)	RD (2)	fixset (3)	fixset (4)	techout (5)	techout (6)
envirgov	0.2498 (0.1572)	0.2230 (0.1671)	0.9168 ** (0.4465)	0.8456 * (0.4544)	0.0915 *** (0.0256)	0.1110 *** (0.0260)
age		− 0.2006 *** (0.0520)		− 0.7072 *** (0.1331)		0.0669 *** (0.0080)
fund		0.0696 *** (0.0074)		0.9458 *** (0.0493)		0.0066 *** (0.0024)
labor		0.0060 (0.0190)		0.7239 *** (0.0718)		0.0285 *** (0.0037)
HHI		0.5961 (0.8151)		5.9530 (3.7796)		0.1091 (0.1284)

续表

变量	RD （1）	RD （2）	fixset （3）	fixset （4）	techout （5）	techout （6）
TFP		0.0894 *** （0.0121）		0.1555 *** （0.0410）		0.0048 *** （0.0035）
_cons	-0.0976 （0.1368）	-0.4765 ** （0.1925）	0.6844 （0.5114）	-5.5740 *** （0.7570）	0.0425 （0.3142）	-0.2729 （0.3130）
Time	是	是	是	是	是	是
Firm	是	是	是	是	是	是
Area	是	是	是	是	是	是
N	127990	125588	312406	305821	312445	305852
R^2	0.0120	0.0144	0.0047	0.0184	0.0330	0.0352

注：括号内数值为企业层面聚类稳健标准误；*、**、*** 分别表示在10%、5%和1%的置信水平上显著。

　　企业的可持续发展需要建立在产出对投入的可持续性抵补基础上，本章对此进行了检验，具体结果如表6-4所示。可知，企业这两类技术创新投入对创新产出的"补偿效应"实现效果不理想。在分别添加了二次项后，从列（2）和列（4）可得两类创新投入对创新产出的影响均出现了拐点。本书在求得拐点后对比可知，相比于自主型技术创新的拐点247，依赖型技术创新投入的拐点是12，即创新产出对依赖型创新投入"抵补效应"实现更早，这也与表6-1中环境规制对依赖型技术创新投入影响更大的结论相符，有利于加速其"补偿效应"实现。

表6-4　　　　　　不同类型技术创新投入对企业创新产出的影响

变量	techout （1）	techout （2）	techout （3）	techout （4）
RD	-0.0140 （0.0090）	-0.0494 *** （0.0082）		
RD × RD		0.0001 *** （0.0001）		

变量	techout (1)	techout (2)	techout (3)	techout (4)
fixset			−0.0010 ** (0.0005)	−0.0024 *** (0.0008)
Fixset × fixset				0.0001 *** (0.0001)
age	0.0685 *** (0.0143)	0.0636 *** (0.0142)	0.0659 *** (0.0080)	0.0653 *** (0.0080)
fund	0.0266 *** (0.0045)	0.0289 *** (0.0045)	0.0075 *** (0.0024)	0.0087 *** (0.0024)
labor	0.0307 *** (0.0075)	0.0306 *** (0.0075)	0.0285 *** (0.0038)	0.0293 *** (0.0038)
HHI	0.2065 (0.2900)	0.1906 (0.2896)	0.1126 (0.1282)	0.1191 (0.1280)
TFP	0.0178 *** (0.0063)	0.0206 *** (0.0062)	0.0054 (0.0036)	0.0056 (0.0036)
_cons	−0.3611 *** (0.0650)	−0.3704 *** (0.0648)	−0.1904 (0.3128)	−0.1969 (0.3131)
Time	是	是	是	是
Firm	是	是	是	是
Area	是	是	是	是
N	125588	125588	305821	305821
R^2	0.0296	0.0316	0.0352	0.0353

注：括号内数值为企业层面聚类稳健标准误；*、**、*** 分别表示在10%、5%和1%的置信水平上显著。

在前面分析的基础上，这里对环境规制、企业技术创新和出口国内附加值率的关系进行中介效应检验，结果如表6-5所示。列（1）~列（2）表示环境规制对固定资产投资和创新产出均具有显著的促进作用，说明本书选取的初始中介变量有效。列（4）将固定资产投资作为中介变量回归后发现中介效应未通过。列（5）将创新产出作为中介变量回归后发现出现了部分中介效应。由于企业创新行为包含创新投入和创新产出两部分，因此这里将固定资产投资和创新产出同时作为中介变量进行机制检验，列（6）显示通过了部分中介效应检验，可得环境规制对制造业企业 DVAR 的提升作用是通过促进企业技术创新实现的，特别是以固定资产投入为代表的依赖型技术创新，这与前面理论部分分析一致。

表6–5　　环境规制、技术创新动能激发与出口国内附加值率的中介效应检验

变量	fixset (1)	techout (2)	DVAR (3)	DVAR (4)	DVAR (5)	DVAR (6)
envirgov	0.8456 * (0.4544)	0.1110 *** (0.0260)	0.0540 *** (0.0066)	0.0540 *** (0.0066)	0.0539 *** (0.0066)	0.0539 *** (0.0066)
fixset				−0.0001 ** (0.0001)		−0.0001 ** (0.0001)
techout					0.0010 ** (0.0005)	0.0010 ** (0.0005)
age	−0.7072 *** (0.1331)	0.0670 *** (0.0080)	0.0102 *** (0.0014)	0.0101 *** (0.0014)	0.0102 *** (0.0014)	0.0101 *** (0.0014)
fund	0.9458 *** (0.0493)	0.0066 *** (0.0024)	−0.0176 *** (0.0007)	−0.0175 *** (0.0007)	−0.0176 *** (0.0007)	−0.0175 *** (0.0007)
labor	0.7239 *** (0.0718)	0.0285 *** (0.0038)	−0.0160 *** (0.0010)	−0.0159 *** (0.0010)	−0.0161 *** (0.0010)	−0.0160 *** (0.0010)
HHI	5.9530 (3.7796)	0.1091 (0.1285)	−0.0338 * (0.0181)	−0.0331 * (0.0182)	−0.0339 * (0.0181)	−0.0332 * (0.0182)
TFP	0.1555 *** (0.0410)	0.0049 (0.0036)	0.0407 *** (0.0011)	0.0407 *** (0.0011)	0.0407 *** (0.0011)	0.0407 *** (0.0011)
_cons	−5.5740 *** (0.7570)	−0.2730 (0.3130)	0.6154 *** (0.0362)	0.6147 *** (0.0362)	0.6157 *** (0.0364)	0.6149 *** (0.0364)
Time	是	是	是	是	是	是
Firm	是	是	是	是	是	是
Area	是	是	是	是	是	是

续表

变量	fixset (1)	techout (2)	DVAR (3)	DVAR (4)	DVAR (5)	DVAR (6)
N	305821	305852	305852	305821	305852	305821
R²	0.0184	0.0352	0.1122	0.1122	0.1122	0.1123

注：括号内数值为企业层面聚类稳健标准误；*、**、*** 分别表示在 10%、5% 和 1% 的置信水平上显著。

6.4.2 环境规制影响不同类型技术创新的异质性检验

上述结果是否会因不同发展程度和环境类别企业而产生差异值得探讨，鉴于此，本书首先考察了环境规制对不同类型企业自主型技术创新和依赖型技术创新投入的影响，具体结果如表 6 - 6 所示。可以看出，相对而言高附加值企业技术创新投入受到环境规制的推动作用更显著，特别是对依赖型技术投入增加的影响。高附加值低污染型企业具备一定的资金等优势，有一定能力进行设备的更新，另外低污染性的特征会使得企业在更新设备过程中成本较低，主动性更大，这两个因素使得环境规制对高附加值低污染型企业固定资产投资有积极的促进作用。

表 6 - 6　　　　环境规制对不同类型企业创新投入的影响

变量	RD 低附加值 低污染 (1)	RD 低附加值 高污染 (2)	RD 高附加值 低污染 (3)	RD 高附加值 高污染 (4)	fixset 低附加值 低污染 (5)	fixset 低附加值 高污染 (6)	fixset 高附加值 低污染 (7)	fixset 高附加值 高污染 (8)
envirgov	0.3150 (0.3147)	-0.0045 (0.2123)	0.1657 (0.1291)	0.4305 (0.4096)	0.2686 (0.3676)	0.2763 (0.4919)	0.6940 ** (0.3040)	1.9263 (1.4422)
age	-0.0228 (0.0495)	-0.2099 *** (0.0771)	-0.2164 *** (0.0647)	-0.3783 *** (0.1266)	-0.2021 ** (0.0935)	-0.3782 *** (0.1426)	-0.3281 *** (0.0751)	-1.4017 *** (0.3518)
fund	0.1047 *** (0.0352)	0.0728 *** (0.0262)	0.0510 *** (0.0081)	0.0921 *** (0.0168)	0.5566 *** (0.0697)	1.1441 *** (0.1225)	0.5152 *** (0.0501)	1.4962 *** (0.1341)

续表

变量	RD 低附加值 低污染 （1）	RD 低附加值 高污染 （2）	RD 高附加值 低污染 （3）	RD 高附加值 高污染 （4）	fixset 低附加值 低污染 （5）	fixset 低附加值 高污染 （6）	fixset 高附加值 低污染 （7）	fixset 高附加值 高污染 （8）
labor	−0.0204 (0.0885)	0.0092 (0.0503)	0.0200 (0.0148)	−0.0163 (0.0399)	0.4665*** (0.0559)	1.0566*** (0.1423)	0.4867*** (0.0676)	0.8900*** (0.2293)
HHI	−0.1499 (0.3212)	−0.9176 (0.7810)	−0.0172 (0.1916)	1.6650 (1.7080)	0.6780 (0.7246)	−0.3206 (0.8021)	−0.0451 (0.3290)	13.5752 (8.9097)
TFP	0.1218* (0.0657)	0.1062*** (0.0343)	0.0634*** (0.0137)	0.1272*** (0.0257)	0.1323** (0.0521)	0.0346 (0.1002)	0.0890*** (0.0237)	0.2784** (0.1266)
_cons	−1.0098* (0.5808)	−0.4389 (0.5140)	−0.4599** (0.1887)	−0.4326 (0.3882)	−3.9736*** (0.6536)	−8.6179*** (1.0542)	−3.9167*** (0.5999)	−9.4378*** (1.7053)
Time	是	是	是	是	是	是	是	是
Firm	是	是	是	是	是	是	是	是
Area	是	是	是	是	是	是	是	是
N	19381	19294	44653	42260	48042	51691	99931	106157
R^2	0.0411	0.0453	0.0331	0.0112	0.0511	0.0173	0.0482	0.0217

　　注：括号内数值为企业层面聚类稳健标准误；*、**、*** 分别表示在 10%、5% 和 1% 的置信水平上显著。

　　表 6 – 6 是从企业技术创新投入角度展开的研究，这里进一步从创新产出角度进行分析，具体结果如表 6 – 7 所示。通过回归系数和显著性水平对比可以看出，环境规制的实施对低附加值企业技术创新产出的促进效果更好，而创新产出水平直接影响到企业出口国内附加值率，创新产出水平越高，产品所含国内附加值就越大，因此这一结果也与前面表 5 – 4 的结果一致，即低附加值企业 DVAR 的提升效果更显著。值得注意的是，环境规制对高附加值低污染型企业创新产出的影响并不理想，由此可以说明该类型企业技术创新投入对创新产出的补偿影响在一定阶段可能并没有达到理想的效果。

表 6 – 7　　　　　　　　　环境规制对不同类型企业创新产出的影响

变量	*techout* 低附加值—低污染 （1）	*techout* 低附加值—高污染 （2）	*techout* 高附加值—低污染 （3）	*techout* 高附加值—高污染 （4）
envirgov	0.1126 ** (0.0567)	0.1790 *** (0.0653)	− 0.0320 (0.0578)	0.0943 ** (0.0473)
age	0.0108 (0.0151)	0.0244 (0.0188)	0.0857 *** (0.0173)	0.0766 *** (0.0139)
fund	0.0100 (0.0071)	0.0081 (0.0067)	0.0219 *** (0.0050)	0.0107 ** (0.0045)
labor	0.0023 (0.0086)	0.0259 *** (0.0098)	0.0488 *** (0.0077)	0.0433 *** (0.0073)
HHI	0.4725 (0.4592)	− 0.1672 (0.1432)	0.1053 (0.1345)	0.2035 (0.2559)
TFP	0.0087 (0.0082)	− 0.0015 (0.0099)	0.0104 (0.0078)	0.0101 (0.0068)
_cons	0.5361 *** (0.0768)	− 0.1438 (0.0928)	− 0.4495 *** (0.0770)	− 0.3181 *** (0.0654)
Time	是	是	是	是
Firm	是	是	是	是
Area	是	是	是	是
N	48045	51698	99944	106165
R^2	0.0150	0.0231	0.0516	0.0383

注：括号内数值为企业层面聚类稳健标准误；＊、＊＊、＊＊＊分别表示在 10%、5% 和 1% 的置信水平上显著。

6.5　环境规制下企业不同类型技术创新的决策逻辑

6.5.1　自主型技术创新与成本关系分析

环境规制下企业对不同类型技术创新的选择与企业成本密不可分，

为了明确企业选择的内在逻辑，本书对企业不同技术创新行为和企业成本的关系进行识别。对于企业成本的计算，本章借鉴耿伟和杨晓亮（2019）的变量选取。此外，这里将企业销售收入、企业利润、新产品产值以及出口交货值变量视为对影响成本变动的其他因素，在回归时予以控制。首先，本书对环境规制下自主型技术创新行为与企业成本的关系展开分析，具体结果如表6－8所示。可以看出，环境规制下的自主型创新投入显著地推高了企业成本，且这一结果通过了10%的显著性水平检验。创新产出能够有效地降低企业成本，且结果通过了1%的显著性水平检验，说明创新产出可以有效"抵补"企业成本。列（5）表示环境规制背景下的企业技术创新行为对成本变动的影响，结合前面表6－4的结果综合来看，可得自主型技术创新投入会提高企业成本，随着技术研发的成熟和拐点的到来，从长远来看，边际报酬递增效应的出现使得创新产出对该投入能够进行有效"抵补"从而间接地降低企业成本压力，这也与表6－8中创新产出对企业成本的抑制影响结果相一致。综上可以认为，环境规制背景下企业自主型技术创新行为有利于降低企业成本。

表6－8　　　环境规制下企业自主型技术创新与企业成本关系分析

变量	cost (1)	cost (2)	cost (3)	cost (4)	cost (5)
RD	3.9947 * (2.0756)				
RD × envirgov		4.7194 * (2.7475)			4.7146 * (2.7446)
techout			− 0.1854 *** (0.0583)		
techout × envirgov				− 0.2150 *** (0.0739)	− 0.1424 ** (0.0671)
age	− 0.3103 ** (0.1238)	− 0.2997 ** (0.1191)	− 0.5541 *** (0.1563)	− 0.5569 *** (0.1562)	− 0.3002 ** (0.1194)

续表

变量	cost (1)	cost (2)	cost (3)	cost (4)	cost (5)
fund	0.1412 *** (0.0380)	0.1409 *** (0.0383)	0.3869 *** (0.0555)	0.3873 *** (0.0554)	0.1424 *** (0.0382)
labor	0.3133 *** (0.0747)	0.3138 *** (0.0765)	0.2844 *** (0.0842)	0.2830 *** (0.0842)	0.3179 *** (0.0764)
HHI	0.0265 (0.6407)	− 0.2532 (0.5050)	0.0779 (0.8180)	0.0773 (0.8175)	− 0.1858 (0.4963)
TFP	0.4246 *** (0.0693)	0.4318 *** (0.0714)	0.5631 *** (0.0811)	0.5646 *** (0.0809)	0.4353 *** (0.0712)
sale	0.0085 (0.0080)	0.0085 (0.0080)	0.0298 (0.0270)	0.0298 (0.0270)	0.0085 (0.0079)
profit	1.4137 *** (0.3152)	1.4506 *** (0.3094)	1.8904 *** (0.3715)	1.8903 *** (0.3715)	1.4476 *** (0.3092)
product	0.3411 *** (0.1211)	0.3436 *** (0.1217)	0.5050 *** (0.0999)	0.5051 *** (0.1000)	0.3467 *** (0.1229)
export	1.0241 *** (0.1159)	1.0062 *** (0.1226)	1.0594 *** (0.0686)	1.0595 *** (0.0686)	1.0059 *** (0.1226)
_cons	− 2.5618 *** (0.6080)	− 2.6097 *** (0.6187)	− 3.7825 *** (0.6835)	− 3.7868 *** (0.6820)	− 2.6294 *** (0.6179)
Time	是	是	是	是	是
Firm	是	是	是	是	是
Area	是	是	是	是	是
N	73997	73997	124619	124619	73997
R^2	0.6181	0.6167	0.6467	0.6466	0.6170

注：括号内数值为企业层面聚类稳健标准误；*、**、*** 分别表示在 10%、5% 和 1% 的置信水平上显著。

6.5.2　依赖型技术创新与成本关系分析

此外，本书对以固定资产投资为代表的依赖型技术创新与企业成本关系进行了检验，通过表 6 - 9 中列（1）~ 列（4）可以看出，环境规制下依赖型技术创新投入也显著推高了企业成本，创新产出同样显著促进了企业成本的下降。列（5）为环境规制下的企业依赖型创新行为对成本变动的影响，同理结合表 6 - 4 可得，环境规制背景下创新产出对依赖型技术创新投入可以进行有效补偿，从而最终达到降低企业成本的目的，但这一效果与表 6 - 8 中自主型创新结果对比来看，依赖型技术创新下的创新结果对企业成本的抑制幅度更大，为 0.2452，且通过了 1% 的显著性水平检验。因此，可以认为环境规制下企业依赖型技术创新行为对企业成本的抑制效果更好，企业会更倾向于通过依赖型技术创新来实现技术变革从而达到生产的环保标准和企业可持续发展的目的，这一结果与本章前面分析的结果一致。

表 6 - 9　　环境规制下企业依赖型技术创新与企业成本关系分析

变量	cost (1)	cost (2)	cost (3)	cost (4)	cost (5)
fixset	0.6604 *** (0.1921)				
Fixset × envirgov		0.5689 ** (0.2691)			0.5695 ** (0.2687)
techout			- 0.1854 *** (0.0583)		
techout × envirgov				- 0.2150 *** (0.0739)	- 0.2452 *** (0.0704)
age	- 0.3758 *** (0.1296)	- 0.4204 *** (0.1374)	- 0.5541 *** (0.1563)	- 0.5569 *** (0.1562)	- 0.4174 *** (0.1373)

变量	cost (1)	cost (2)	cost (3)	cost (4)	cost (5)
fund	0.0603 (0.1075)	0.1527 (0.1245)	0.3869*** (0.0555)	0.3873*** (0.0554)	0.1576 (0.1245)
labor	-0.0930 (0.1455)	0.0451 (0.1495)	0.2844*** (0.0842)	0.2830*** (0.0842)	0.0546 (0.1498)
HHI	-1.9756 (1.9936)	-0.7518 (1.1707)	0.0779 (0.8180)	0.0773 (0.8175)	-0.7054 (1.1696)
TFP	0.6020*** (0.0739)	0.5850*** (0.0736)	0.5631*** (0.0811)	0.5646*** (0.0809)	0.5915*** (0.0733)
sale	0.0251 (0.0230)	0.0262 (0.0240)	0.0298 (0.0270)	0.0298 (0.0270)	0.0261 (0.0239)
profit	1.0939*** (0.3419)	1.2146*** (0.3052)	1.8904*** (0.3715)	1.8903*** (0.3715)	1.2063*** (0.3051)
product	0.4996*** (0.0992)	0.5029*** (0.0999)	0.5050*** (0.0999)	0.5051*** (0.1000)	0.5074*** (0.1009)
export	1.0535*** (0.0707)	1.0546*** (0.0705)	1.0594*** (0.0686)	1.0595*** (0.0686)	1.0537*** (0.0707)
_cons	-1.5539 (0.9879)	-2.2365** (1.0941)	-3.7825*** (0.6835)	-3.7868*** (0.6820)	-2.3161** (1.0955)
Time	是	是	是	是	是
Firm	是	是	是	是	是
Area	是	是	是	是	是
N	124600	124600	124619	124619	124600
R²	0.7016	0.6891	0.6467	0.6466	0.6895

注：括号内数值为企业层面聚类稳健标准误；*、**、*** 分别表示在10%、5%和1%的置信水平上显著。

6.6　本　章　小　结

本章从企业视角出发，以企业不同类型技术创新动能激发为研究对象，针对环境规制、技术创新动能激发以及企业出口国内附加值率变动关系进行影响机制分析。首先，本章考察了环境规制对企业自主型技术创新和依赖型技术创新动能激发的影响。其次，从技术创新角度出发，构建中介效应模型对环境规制、技术创新和企业出口国内附加值率关系进行中介效应检验，并随后在上述分析基础上对不同发展程度和环境类企业创新行为进行异质性检验。最后，本章进一步对企业不同类型创新和企业成本之间的关系进行了讨论，试图厘清企业技术创新行为选择的背后逻辑。本章通过经验研究后得出如下结论。

第一，环境规制有助于推动企业以研发投入为代表的自主型技术创新投入和以固定资产投资为代表的依赖型技术创新投入的增加，且对企业依赖型创新投入的影响更为显著。从创新产出看，环境规制对其也存在积极影响。进一步地，自主型创新投入和依赖型创新投入均与创新产出存在非线性关系，在创新投入初期，创新投入的增加未能提高创新产出水平，但随着技术发展的成熟，在跨过拐点后，长远看创新投入的增加能够显著提升创新产出水平，二者能够保持良性发展关系，即创新产出能够对创新投入进行有效"补偿"从而实现企业创新行为的可持续性。

第二，通过中介效应检验发现，环境规制通过促进依赖型技术创新行为的实现推动了企业出口国内附加值率的提升。环境规制对依赖型技术创新投入的增加有显著影响，与企业创新产出和企业 DVAR 存在部分中介效应。进一步对包含创新投入和创新产出的创新行为进行综合研究，发现环境规制对依赖型技术创新投入和创新产出也存在部分中介效应，即环境规制通过推动企业依赖型技术创新行为的发生实现了出口国内附加值率的提高。

第三，从不同发展程度和环境类别的企业来看，综合而言环境规制对高附加值型企业创新投入有显著的促进作用，对低附加值型企业创新产出有更积极的影响。环境规制有助于提升高附加值型企业创新投入，特别是对高附加值且低污染型企业影响更显著。从创新产出角度看，环境规制对低附加值型企业创新产出的影响更为积极，对高附加值且低污染型企业创新产出影响没有达到理想效果。

第四，从企业不同类型技术创新的决策行为来看，在面对环境规制时，企业技术创新类型的选取与企业成本紧密相关。对比自主型和依赖型创新行为可知，企业自主型和依赖型创新结果均能显著降低企业成本，但相比而言企业依赖型创新行为对企业成本的抑制幅度更大，效果更好，这也与本章前面企业在环境规制背景下更倾向于选择依赖型技术创新途径来实现技术革新的结论相符。

第7章 环境规制、国内中间品市场变动与企业出口国内附加值率关系研究

7.1 引 言

环境规制在对微观企业的生产进行直接影响的同时，也会通过企业的变动对市场进行传导。作为重要的经济活动中介，市场的扩张和收缩反过来也会对企业发展产生辐射作用（Keisuke and Toshihiro，2020；陈金丹和王晶晶，2021）。环境规制在一定程度上会"倒逼"企业进行创新以满足环保要求，在企业生产革新过程中特别是对中间品的生产革新对整个中间品市场结构会产生内部冲击，中间品市场供给结构的改变又联动式地影响着最终品对中间品投入需求的变动，进而最终作用到制造业企业出口国内附加值率的变化上。2020 年 4 月，习近平总书记在中央财经委员会第七次会议上强调要"构建以国内大循环为主体、国内国际双循环相互促进的新发展格局"。新发展格局的提出对深入挖掘国内市场潜力、推动两类市场双向促进和循环发展指明了发展方向，可以看出市场发展特别是国内市场在经济发展中的被关注度跃然提升。就经济发展来看，国内市场的变动不仅影响着市场中每一个微观企业的生产决策（易靖韬等，2021），同时也对国内和国际贸易规模的互动调整产生着积极影响，因此，环境规制对国内市场结构和规模变化的作用应得到详细分析。

对于产成品而言，国内中间品投入程度是衡量国内价值贡献和国内增加值的重要标准，出口中国内增加值越高，出口创造的国民收入就越高（Gerardo et al.，2013），其决定着一国在全球价值链上的位置和真实贸易利得。同样，对于企业出口国内附加值率来说，国内中间品的投入度也直接决定着其变动。在环境规制下，企业的生产行为会得到相应调整（Fang，2019），中间品市场结构和规模也会发生相应的改变，国内中间品的供给质量和数量会产生波动，这种供给端的变化最终会传导至需求端，进而使得国内中间品市场和进口中间品市场出现博弈局面。国内中间品作为企业核心生产投入资源，在源头上受到企业创新的直接影响，在终端上又对企业出口国内附加值率起着关键性的作用，因此，从国内中间品市场变动角度出发探讨环境规制对其的影响有重要意义，而由于国内中间品的技术复杂度存在较大差异，那么面对环境规制时，不同技术复杂度的国内中间品市场反馈是否会存在不同值得深入分析。

作为影响出口国内附加值率的重要因素，国内中间品投入在环境规制背景下会发生怎样的变动，有必要对此展开详细分析。本章从市场层面出发，试图分析环境规制对国内中间品市场变动的影响，并在此基础上对不同技术复杂度的国内中间品市场进行划分，详细探讨不同技术程度分类下的作用结果。进一步试图回答，国内中间品市场变动在环境规制对企业出口国内附加值率的影响中呈现的作用是什么？不同发展程度和环境类别企业的研究结果是否具有异质性？最后，环境规制的推进对国内市场和国际市场的变动会产生什么影响，这也同样是本章重点要回答的问题。本章旨在从市场层面切入，对环境规制、国内中间品市场变动和企业出口国内附加值率三者关系进行深入分析，以期为探究环境规制和出口国内附加值率关系的传导机制提供多维度的理论参考和经验支撑，也为深入挖掘国内市场潜力、积极推进国内和国际市场"双循环"相关研究提供经验借鉴。

7.2　理论机理与假设提出

为了满足环保考核要求和获得市场竞争优势，企业会大力推进技术创新进程，因此环境规制的积极作用此时会得到发挥。本国企业技术创新行为的发生意味着国内生产力水平得到了提升，这对产品生产会存在质量和数量两方面的影响。就质量来看，企业技术创新提高了产品整体的价值含量，从而使国内中间品的竞争力得到大幅提升（Cheng，2015）。同时，技术创新结果也会反馈在产品种类上，随着技术创新的发生，国内中间品种类实现了多样化，这为企业增加国内中间品的选择提供了更多机会，上述两种因素的共同作用有助于推动国内中间品对进口中间品"替代效应"的实现。就数量来看，技术革新提高了企业的生产效率，这有利于拓展中间品的市场供给量，随着供给的增加，有助于推动国内中间品价格下降，从而使其在市场上获得竞争优势，实现市场份额的扩张。进一步地，由于环境规制促进了企业技术革新的发生，而技术密集型产品从中受益的程度相比于其他产品而言更大（Gustavsson et al.，1999），因此，对比非技术类的国内中间品，技术类国内中间品受到的积极影响更为显著。

假设 7 - 1：环境规制有助于推动国内中间品市场的扩大，且相较于非技术类而言，技术类的国内中间品市场的扩张效果更为显著。

在环境规制背景下，受到技术革新的影响，企业最终品中国内中间品投入比重会得到显著提高，这意味着企业在产品生产中对国内产品的采购增多，有助于产品中国内价值含量的增加。国内生产的价值主要由国内中间品的投入决定，其投入比重的增加意味着国内中间品市场得到了扩大，相较于进口中间品而言，前者对进口中间品实现了"替代效应"，这对于推动企业出口国内附加值率的跃升有着直接影响。进一步地，由于技术类国内中间品受到技术革新的积极影响更大，因此，环境规制下技术类国内中间品市场相对而言产生的"替代效应"更强，相应地对出口国内附加值率跃升的促进影响更为显著。

假设 7-2：从市场层面来看，环境规制通过促进国内中间品市场的扩大来实现企业出口国内附加值率的提升，这一结果在技术类国内中间品市场上同样成立。

环境规制对国内中间品市场的扩张起到了积极的促进作用，但不同发展程度和环境类别企业由于存在特征差异，故对这一结果的反馈会产生异质性。环境规制有助于促进企业技术革新，鉴于技术创新具有周期性和不稳定性，对于技术复杂度较高的企业而言，进行一次技术革新所需成本较高和时间投入的持续性较长，对比之下，对技术复杂度要求较低的低附加值企业其技术更新的要求相应较低。因此，技术创新带来的红利实现得更快。同时，低附加值企业在中间品的采购中，更多地集中在技术含量较低的劳动密集型产品中，这类产品技术革新成功的风险和阻力较小。综上可以认为，环境规制对低附加值型企业国内中间品投入比重的提升效果相对更好，对应的市场更容易得到扩张。此外，受技术革新影响，技术类国内中间品会受到更为直接的积极影响，因此对进口品的替代效果更强，因此在环境规制下，技术类国内中间品市场的扩张更为显著。

假设 7-3：环境规制有助于扩大低附加值型企业对应的国内中间品市场，且对技术类国内中间品市场扩张的影响效果更好。

7.3 模型设定与指标选取

7.3.1 模型设定

本章主要从市场层面出发，探讨环境规制背景下国内中间品市场的变动情况，并在此基础上进一步分析国内中间品市场的变动在环境规制对企业出口国内附加值率提升影响中所发挥的作用。为了验证理论机理部分提出的假设，这里首先构造环境规制对国内中间品市场变动影响的模型，具体如下所示：

$$DMI_{pti} = \alpha_0 + \alpha_1 envirgov_{pt} + \sum Control_{pti} + \mu_i + \sigma_t + \rho_p + \varepsilon_{pti}$$

$$(7-1)$$

其中，DMI_{pti} 表示 p 地区第 t 年企业 i 的国内中间品投入程度，本章采用国内中间品投入占企业利润的比重来进行度量。$envirgov_{pt}$ 表示 p 地区第 t 年的环境规制程度，$Control_{pti}$ 为影响企业国内中间品投入的一系列控制变量，由于国内中间品投入与企业发展相关变量存在紧密联系，因此，这里将企业营业持续时间、资本密集度、劳动力投入、行业集中度、企业全要素生产率、企业销售收入以及企业出口交货值放置到模型中予以控制。μ_i、σ_t 和 ρ_p 分别表示个体（*Firm*）、时间（*Time*）和地区（*Area*）固定效应，ε_{pti} 为随机干扰项。式（7-1）中，α_1 是模型中被关注的重点，其用来反映环境规制对国内中间品市场变动的影响程度，根据理论分析可以得到 $\alpha_1 > 0$。

　　由于环境规制对国内中间品市场变动的影响是探究环境规制、国内中间品市场变动和企业出口国内附加值率关系的前提和基础，因此，在考察了环境规制对国内中间品市场变动的影响后，随即本章从市场层面切入，进一步建立相关模型以分析环境规制、国内中间品市场变动和制造业出口国内附加值率之间的关系，具体模型构建如下：

$$DMI_{pti} = \alpha_0 + \alpha_1 envirgov_{pt} + \sum Control_{pti} + \mu_i + \sigma_t + \rho_p + \varepsilon_{pti}$$

$$(7-2)$$

$$DVAR_{pti} = \beta_0 + \beta_1 DMI_{pti} + \sum Control_{pti} + \mu_i + \sigma_t + \rho_p + \varepsilon_{pti}$$

$$(7-3)$$

$$DVAR_{pti} = \delta_0 + \delta_1 envirgov_{pt} + \delta_2 envirgov_{pt} \times DMI_{pti} + \sum Control_{pti}$$

$$+ \mu_i + \sigma_t + \rho_p + \varepsilon_{pti} \qquad (7-4)$$

　　式（7-2）与式（7-1）相同，均表示环境规制对国内中间品市场变动的影响，式（7-3）表示国内中间品市场的变动对企业出口国内附加值率的影响，式（7-4）表示环境规制通过国内中间品市场的变动对企业出口国内附加值率的影响，这里用环境规制与国内中间品市场的交互项表示。同样的，$Control_{pti}$为对被解释变量影响的一系列控制变量，其中，对企业出口国内附加值率影响的其他变量包括企业营业持续时间、资本密集度、劳动力投入、行业集中度和企业全要素生产率，这里将上述变量放置进模型中进行控制。μ_i、σ_t和ρ_p分别表示企业个体（Firm）、时间（Time）和地区（Area）固定效应，ε_{pti}为随机干扰项。在式（7-3）中β_1是被关注的重点目标，在式（7-4）中δ_2为被重点关注的对象。通过理论机理部分的分析可知，$\delta_2 > 0$。

7.3.2　指标选取

本章主要从市场层面出发，对环境规制、国内中间品市场以及制造业企业出口国内附加值率变动关系进行经验检验，同时，由于本章重点还集中于中间品市场变动带来的各类影响上，因此，对影响中间品市场变动的其他因素也会考虑进来并加以控制。相关的指标选取如下所述。

（1）被解释变量。出于不同方向的研究需要，本章的被解释变量主要包括三个，分别为国内中间品市场的变动、企业出口国内附加值率以及出口相关的变量。国内中间品市场的变动以企业国内中间品投入占利润总额的比重表示，在以国内中间品市场为研究对象时，本章还进一步详细划分了技术类和非技术类两种不同类别的国内中间品市场。以企业出口国内附加值率为因变量时，主要用来分析国内中间品市场变动在环境规制对企业出口国内附加值率影响中的作用，这一指标选取和前面章节相同，均是在企业生产中剔除了进口中间品投入后其占总产出的比重来衡量。最后，与出口相关的变量主要应用在对嵌入国际市场中的变动分析中，包括出口交货值、出口交货值占工业总产值的比重、出口交货值占新产品产值以及出口交货值占利润的比重，其中出口交货值和出口交货值占工业总产值的比重分别是从出口的绝对量和相对量来分析，即从出口量的角度考察。出口交货值占新产品产值和出口交货值占利润的比重从出口质的角度考察，即从创新出口情况和企业参与国际化所贡献的利润率来分析。

（2）核心解释变量。本章的核心解释变量主要为政府实施环境规制程度、国内中间品投入和出口交货值及其占工业总产出的比重。本章所有的分析均是基于环境规制的实施展开的，因此，环境规制是贯穿本章的重要核心解释变量，其指标选取同前面保持一致，运用熵权法来测度地区环境规制程度。国内中间品投入通过制造业企业中间品总投入与进口中间品投入差额进行测度，主要集中于对国内和国际市场"双循环"部分的分析上。最后，出口交货值及其占工业总产出的比重是直接采用企业出口交货值额和其占工业总产值额的程度进行计算，同样是聚焦于对国内和国际市场"双循环"部分的讨论上。

（3）控制变量。针对因变量国内中间品市场，由于企业发展会对国内中间品需求产生直接影响，鉴于此，与企业发展相关的变量均被添加进了模型中进行控制，包括企业营业持续时间、资本密集度、劳动力投入、行业集中度和企业全要素生产率。此外，企业销售收入和出口交货值也影响着企业规模，进而对生产投入即国内中间品的投入也存在一定影响，因此，这里将上述两个变量也视为控制变量放置进模型中。针对企业出口国内附加值率，和前面选择的变量相同。针对影响出口的其他变量，除了企业存续年限等基础变量外，企业利润和新产品产值越高意味着出口市场得到了拓展，影响着出口规模。因此，在实证回归时也同样将上述两个变量加以控制。

7.3.3　数据来源

本章的微观企业数据主要来源于中国工业企业数据库和中国海关贸易数据库，与环境相关的指标主要来源于《中国环境年鉴》。为了明确本章变量选取的具体信息，这里首先对涉及的所有变量相关信息进行呈现，具体结果如表7－1所示。

表 7 – 1 所涉变量的解释说明

变量	变量含义	计算方法
envirgov	行政命令型环境规制	首先，对工业废水排放达标率、工业二氧化硫排放达标率、工业烟尘排放达标率和工业固体废物利用率四个变量进行标准化处理。其次，基于熵权法公式进行核算，即 $E_j = -\ln(m)^{-1}\sum_{i=1}^{m}P_{ij}\ln(P_{ij})$，其中 $P_{ij} = x_{ij}/\sum_{i=1}^{m}x_{ij}$。$W_j = (1-E_j)/\sum_{j=1}^{n}(1-E_j)$，其中，$E_j$ 表示信息熵，m 代表研究目标总数，x_{ij} 为具体元素，P_{ij} 可被视为每个元素对所在特征下的贡献程度，而 W_j 表示在信息熵基础上计算的权重
DMI	国内中间品投入程度	（国内中间品投入总额/企业利润总额）取对数
DVAR	企业出口国内附加值率	（1 – 企业进口中间品投入/企业总产出）
age	企业营业持续时间	（企业开业年份 – 当期年份 + 1）取对数
fund	企业资本密集度	（固定资产净值均值/企业雇用员工数均值）取对数
labor	劳动力投入数量	企业雇用员工总人数取对数
HHI	行业集中度	$\sum_f (E_i^f/E_i)^2$，其中 E_i^f 为行业 i 中企业 f 雇用的劳动力量，E_i 表示行业 i 中总劳动力雇用量
TFP	企业全要素生产率	采用半参数回归法，迭代次数设置为 50 且置信区间为 95%，将企业雇用员工数量、固定资产、工业增加值和中间品投入纳入对 *TFP* 的估算中来，其中中间品投入作为工具变量来解决 *TFP* 生产过程中的内生性问题
sale	企业销售收入	企业销售收入总额
export	企业出口交货值	企业出口交货值总额
TMI	中间品投入程度	（中间品总投入总额/企业利润总额）取对数
DR	国内中间品投入相对比重	（国内中间品投入额/中间品总投入额）
IR	进口中间品投入相对比重	（进口中间品投入额/中间品总投入额）
TM	中间品总投入额	中间品总投入额
DM	国内中间品投入额	国内中间品投入额
IM	进口中间品投入额	进口中间品投入额
deliver	企业出口交货值程度	（企业出口交货值额/工业总产出额）
exinnovate	企业出口创新程度	（出口交货值额/新产品产值额）取对数

变量	变量含义	计算方法
exinternat	企业国际化程度	（出口交货值额/利润总额）取对数
product	企业新产品产值额	企业新产品产值总额
profit	企业利润额	企业利润总额

同时，为了确保本章选取数据的科学性，这里对所有涉及变量进行了描述性统计分析，可以看出所有变量的检验结果均在合理区间范围内，说明本章变量选取有效，具体结果如表 7-2 所示。

表 7-2　　　　　　　　　所有变量的描述性统计分析

变量	样本量	均值	标准差
envirgov	296180	0.7102	0.2486
DMI	296270	2.0044	1.7804
DVAR	296270	0.8171	0.2052
age	295825	2.1319	0.6704
fund	293984	3.2223	1.4100
labor	295139	5.5411	1.1918
HHI	296270	0.0005	0.0172
TFP	290432	4.8242	0.8824
sale	296136	3.7120	30.6229
export	285784	1.0100	11.6457
TMI	296270	2.3894	1.7721
DR	275300	0.8016	0.2458
IR	275300	0.1983	0.2458
TM	296270	2.4457	16.5570
DM	275431	1.9853	13.7797
IM	275431	0.4827	5.7394
deliver	285784	0.4450	3.4276
exinnovate	19955	0.3113	2.1680
exinternat	170391	2.2563	2.2427

续表

变量	样本量	均值	标准差
newpro	162620	0.4174	6.3283
profit	296088	0.2410	5.3258

7.4 环境规制对多种类国内中间品市场与出口国内附加值率的影响

7.4.1 基准回归结果

本章基于国内中间品市场变动展开影响机制检验，并在此基础上将国内中间品市场按照技术类和非技术类进行划分，进行差异性检验。具体为，与技术密集型行业相关的国内中间品被视为技术类，与劳动和资本密集型行业相关的国内中间品被视为非技术类，结果如表7-3所示。列（1）~列（2）显示，环境规制明显有利于推动国内中间品市场的扩大。列（3）~列（6）显示，环境规制对两类国内中间品投入比重均存在提高作用，但对技术类国内中间品投入比重的提高作用更为积极。环境规制显著推动了国内中间品市场的扩大，意味着前者对进口中间品的"替代效应"增强。进一步，环境规制"倒逼"企业进行生产设备的革新以满足环保要求，而生产设备的更新和技术水平的提高对技术类产品的影响最为直接，因此对技术类产品市场的主导效果更好。

表7-3　　　环境规制对国内中间品投入及其不同分类下的影响

变量	DMI 全样本 (1)	DMI 全样本 (2)	DMI 非技术类 (3)	DMI 非技术类 (4)	DMI 技术类 (5)	DMI 技术类 (6)
envirgov	0.1182 * (0.0635)	0.1134 * (0.0658)	0.0741 (0.0834)	0.0024 (0.0872)	0.0942 (0.1081)	0.2042 * (0.1100)

续表

变量	DMI 全样本 (1)	DMI 全样本 (2)	DMI 非技术类 (3)	DMI 非技术类 (4)	DMI 技术类 (5)	DMI 技术类 (6)
age		0.1807 *** (0.0158)		0.1744 *** (0.0204)		0.1818 *** (0.0274)
fund		− 0.1062 *** (0.0070)		− 0.1100 *** (0.0091)		− 0.0807 *** (0.0119)
labor		− 0.0777 *** (0.0099)		− 0.0875 *** (0.0131)		− 0.0486 *** (0.0164)
HHI		− 0.2449 (0.1945)		− 0.4365 (0.2710)		− 0.1261 (0.3322)
TFP		0.7305 *** (0.0105)		0.7544 *** (0.0137)		0.7215 *** (0.0176)
sale		− 0.0002 (0.0003)		− 0.0004 (0.0003)		0.0001 (0.0003)
export		− 0.0009 (0.0007)		− 0.0083 ** (0.0035)		− 0.0009 (0.0006)
_cons	3.4234 *** (0.4672)	0.7207 *** (0.2092)	2.9577 *** (0.2704)	0.5586 *** (0.1640)	2.2276 *** (0.0800)	− 1.3171 *** (0.1492)
Time	是	是	是	是	是	是
Firm	是	是	是	是	是	是
Area	是	是	是	是	是	是
N	296166	279771	188139	177952	108027	101819
R^2	0.0132	0.0544	0.0139	0.0556	0.0129	0.0551

注：括号内数值为企业层面聚类稳健标准误；* 、** 、*** 分别表示在 10% 、5% 和 1% 的置信水平上显著。

进一步地，环境规制是否通过对国内中间品市场的扩大来实现对企业 DVAR 的提升影响呢？为了回答这一问题，本书以国内中间品投入为对象进行了影响机制检验，具体结果如表 7 - 4 所示。可以看出环境规制显著扩大国内中间品市场，而国内中间品市场扩大又有助于企业 DVAR

提升。进一步地，从列（3）可以看出，在添加了二者交互项后其对企业
DVAR 存在积极的提升作用，结果通过了 1% 的显著性水平检验，说明环
境规制是通过对国内中间品市场扩大的积极影响进而促进了企业 DVAR
的提高。此外，通过列（4）~ 列（6）结果可知，环境规制是通过扩大技
术类国内中间品市场进而推动了企业 DVAR 的提升。

表 7 - 4　　环境规制、国内中间品投入和企业出口国内附加值率的关系检验

变量	DMI 全样本 (1)	DVAR 全样本 (2)	DVAR 全样本 (3)	DMI 技术类 (4)	DVAR 技术类 (5)	DVAR 技术类 (6)
envirgov	0. 1134 * (0. 0658)		0. 0345 *** (0. 0063)	0. 2042 * (0. 1100)		- 0. 0044 (0. 0106)
DMI		0. 0080 *** (0. 0002)			0. 0090 *** (0. 0004)	
Envirgov × *DMI*			0. 0101 *** (0. 0003)			0. 0114 *** (0. 0005)
age	0. 1807 *** (0. 0158)	0. 0098 *** (0. 0013)	0. 0099 *** (0. 0013)	0. 1818 *** (0. 0274)	0. 0168 *** (0. 0023)	0. 0169 *** (0. 0023)
fund	- 0. 1062 *** (0. 0070)	- 0. 0134 *** (0. 0006)	- 0. 0134 *** (0. 0006)	- 0. 0807 *** (0. 0119)	- 0. 0147 *** (0. 0011)	- 0. 0146 *** (0. 0011)
labor	- 0. 0777 *** (0. 0099)	- 0. 0149 *** (0. 0009)	- 0. 0147 *** (0. 0009)	- 0. 0486 *** (0. 0164)	- 0. 0132 *** (0. 0016)	- 0. 0131 *** (0. 0016)
HHI	- 0. 2449 (0. 1945)	- 0. 0213 (0. 0153)	- 0. 0208 (0. 0154)	- 0. 1261 (0. 3322)	- 0. 0193 (0. 0243)	- 0. 0192 (0. 0245)
TFP	0. 7305 *** (0. 0105)	0. 0223 *** (0. 0011)	0. 0222 *** (0. 0011)	0. 7215 *** (0. 0176)	0. 0125 *** (0. 0019)	0. 0126 *** (0. 0019)
sale	- 0. 0002 (0. 0003)			0. 0001 (0. 0003)		
export	- 0. 0009 (0. 0007)			- 0. 0009 (0. 0006)		
_cons	0. 7207 *** (0. 2092)	0. 6901 *** (0. 0294)	0. 6664 *** (0. 0309)	- 1. 3171 *** (0. 1492)	0. 7747 *** (0. 0131)	0. 7798 *** (0. 0151)

续表

变量	DMI 全样本 （1）	DVAR 全样本 （2）	DVAR 全样本 （3）	DMI 技术类 （4）	DVAR 技术类 （5）	DVAR 技术类 （6）
Time	是	是	是	是	是	是
Firm	是	是	是	是	是	是
Area	是	是	是	是	是	是
N	279771	289952	289952	101819	105569	105569
R^2	0.0544	0.1335	0.1335	0.0551	0.1360	0.1352

注：括号内数值为企业层面聚类稳健标准误；* 、** 、*** 分别表示在 10%、5% 和 1% 的置信水平上显著。

7.4.2 环境规制影响不同类型国内中间品投入的异质性检验

本书进一步分析环境规制对不同类型企业对应的技术类和非技术类国内中间品市场需求影响，具体结果如表 7-5 所示。从结果来看，环境规制对技术类的低附加值高污染型企业国内中间品投入比重的增加影响更为显著，这也印证了前面环境规制对技术类企业以及低附加值企业存在更积极的影响这一结论。从企业发展程度来看，整体而言环境规制对低附加值型企业对应的国内中间品市场的扩张影响效果更好。低附加值型企业所需的国内中间品价值含量相对较低，环境规制下这类企业转型发展阻力相对较小，对应国内中间品产量的增加和质量的提升实现得更为顺利，因此环境规制对低附加值型企业对应的国内中间品市场的扩大影响更大。从技术类型来看，环境规制对技术类国内中间品市场的扩张影响更为积极。环境规制有助于企业技术革新，技术水平的提升对技术类产品质量的提升影响更为直接，从而推动其对进口中间品的高度替代。因此，相比于非技术类，环境规制下技术类国内中间品市场能够得到显著扩张。综上可以认为，环境规制对低附加值型企业对应的国内中间品市场扩张效果更好，同时相比于非技术类，环境规制对技术类国内中间品市场扩张的影响更为显著。

表 7 - 5　　不同类别企业下环境规制对国内中间品投入的异质性分析

变量	DMI 非技术类 低附加值—低污染 (1)	DMI 非技术类 低附加值—高污染 (2)	DMI 非技术类 高附加值—低污染 (3)	DMI 非技术类 高附加值—高污染 (4)	DMI 技术类 低附加值—低污染 (5)	DMI 技术类 低附加值—高污染 (6)	DMI 技术类 高附加值—低污染 (7)	DMI 技术类 高附加值—高污染 (8)
envirgov	0.2219 (0.2061)	0.0690 (0.2941)	-0.1524 (0.1491)	-0.0988 (0.1735)	-0.5928 (0.4621)	0.4213 * (0.2462)	-0.1408 (0.3326)	-0.0512 (0.1677)
age	0.1999 *** (0.0530)	0.1336 * (0.0785)	0.1700 *** (0.0311)	0.1038 *** (0.0402)	0.2318 * (0.1321)	0.1310 ** (0.0665)	0.2581 *** (0.0653)	0.1075 *** (0.0378)
fund	-0.0802 *** (0.0242)	-0.0768 ** (0.0325)	-0.0929 *** (0.0143)	-0.0901 *** (0.0181)	0.0071 (0.0499)	0.0013 (0.0281)	-0.0234 (0.0280)	-0.0722 *** (0.0182)
labor	-0.0925 *** (0.0334)	-0.0801 ** (0.0452)	-0.0773 *** (0.0214)	-0.0770 *** (0.0266)	0.0529 (0.0707)	0.0103 (0.0381)	-0.0481 (0.0450)	-0.0837 *** (0.0262)
HHI	-0.5984 (0.4179)	-0.8763 * (0.4867)	-0.1828 (0.1822)	-0.6483 (0.6620)	-3.6247 (6.9425)	0.4129 (0.4954)	1.1446 (0.8661)	-0.4987 (0.4812)
TFP	0.9730 *** (0.0353)	0.9196 *** (0.0483)	0.6889 *** (0.0224)	0.6737 *** (0.0286)	0.8696 *** (0.0768)	0.8771 *** (0.0427)	0.7029 *** (0.0448)	0.6730 *** (0.0276)
sale	-0.0041 *** (0.0014)	-0.0004 (0.0003)	-0.0014 ** (0.0005)	0.0012 *** (0.0004)	-0.0132 * (0.0079)	-0.0018 (0.0014)	-0.0014 (0.0017)	0.0003 ** (0.0001)
export	-0.0255 *** (0.0066)	-0.0029 (0.0068)	-0.0118 ** (0.0056)	-0.0053 (0.0066)	-0.0010 (0.0103)	0.0004 (0.0008)	-0.0138 ** (0.0066)	-0.0036 ** (0.0015)
_cons	-2.3012 *** (0.2811)	-1.8814 *** (0.4114)	0.8863 *** (0.1916)	-0.3443 (0.2465)	-2.6184 *** (0.6406)	-3.0280 *** (0.3418)	-1.0916 *** (0.4102)	-0.2501 (0.2373)
Time	是	是	是	是	是	是	是	是
Firm	是	是	是	是	是	是	是	是
Area	是	是	是	是	是	是	是	是
N	33553	18825	76546	49028	8212	25143	18541	49923
R²	0.0631	0.0569	0.0534	0.0522	0.0611	0.0641	0.0558	0.0525

注：括号内数值为企业层面聚类稳健标准误；＊、＊＊、＊＊＊ 分别表示在 10%、5% 和 1% 的置信水平上显著。

7.5 环境规制下国内市场与国际市场变动讨论

7.5.1 环境规制对企业国内市场规模的影响

进一步地，本书考察了环境规制对中间品市场、国内中间品市场以及进口中间品市场的影响，从绝对量角度识别国内中间品市场规模的变动，结果如表7-6所示。从列（1）~列（2）可以看到，环境规制显著推动了中间品市场总规模的扩大。从列（3）~列（4）可以看到，环境规制显著推动了国内中间品市场规模的扩大。从列（5）~列（6）可以看到，环境规制下进口中间品市场规模存在明显收缩倾向。综上可以认为，环境规制对国内中间品市场绝对规模扩大的影响推动了中间品市场整体规模的扩张。结合表7-3综合可得，环境规制下，国内中间品市场相较于进口中间品市场不论是从相对量还是绝对量均出现了规模的显著扩张。

表7-6　　　　　　　　　环境规制对企业国内市场规模的影响

变量	TMI (1)	TMI (2)	DR (3)	DR (4)	IR (5)	IR (6)
envirgov	0.1171 * (0.0631)	0.1301 ** (0.0654)	0.0250 *** (0.0080)	0.0234 *** (0.0083)	-0.0250 *** (0.0080)	-0.0234 *** (0.0083)
age		0.1925 *** (0.0162)		0.0053 *** (0.0017)		-0.0053 *** (0.0017)
fund		-0.0868 *** (0.0069)		-0.0109 *** (0.0009)		0.0109 *** (0.0009)
labor		-0.0340 *** (0.0099)		-0.0223 *** (0.0012)		0.0223 *** (0.0012)
HHI		-0.0815 (0.1739)		-0.0162 (0.0179)		0.0162 (0.0179)

续表

变量	TMI (1)	TMI (2)	DR (3)	DR (4)	IR (5)	IR (6)
TFP		0.7078 *** (0.0106)		0.0643 *** (0.0014)		-0.0643 *** (0.0014)
sale		-0.0003 (0.0003)		-0.0000 (0.0000)		0.0000 (0.0000)
export		-0.0002 (0.0005)		-0.0002 (0.0001)		0.0002 (0.0001)
_cons	4.4282 *** (0.5475)	1.4214 *** (0.2459)	0.6325 *** (0.0497)	0.5267 *** (0.0159)	0.3675 *** (0.0497)	0.4733 *** (0.0159)
Time	是	是	是	是	是	是
Firm	是	是	是	是	是	是
Area	是	是	是	是	是	是
N	296166	279771	275216	260890	275216	260890
R²	0.0086	0.0495	0.0617	0.0872	0.0617	0.0872

注：括号内数值为企业层面聚类稳健标准误；*、**、*** 分别表示在 10%、5% 和 1% 的置信水平上显著。

7.5.2 环境规制对企业国际市场参与度的影响

环境规制不仅对企业国内中间品市场会产生影响，出口企业对外发展的国际市场同样也会受到国内环境政策影响。这里主要从国际角度出发，探讨环境规制对企业国际市场参与度的影响，本书分别从出口量和出口质两方面展开。从出口量上看，本章分别从出口的绝对量和相对量进行分析，即用出口交货值表示出口的绝对量，用出口交货值与工业总产值之比表示出口的相对量。从出口质上看，本书选取企业创新产出的出口情况，也就是单位新产品产值中的出口情况，以及企业参与国际化所贡献的利润率两个指标展开分析，具体结果如表 7-7 所示。列（1）~列（2）分别表示环境规制对企业出口绝对量和相对量的影响结果，可以看出环境规制有助于推动企业出口量的提升，这种提升从出口的绝对水平和相对水平均得到了验证。列（3）~列（4）表示环境规制对出口质的影响，可以看到环境规制显著有利于促进企业出口质的提高。综上所述，环境规制有助于推动出口企业国际化程度的提高，增强其对国际市场的参与度。环境规制提高了企业生产标准，推动了企业向更加环保、绿色的可持续性生产方式转变，一方面，这有助于企业提高生产效率进而提高企业国际市场竞争力；另一方面，面对国际市场中诸多国家对产品环保标准要求较高，企业生产方式的转变也为其产品符合更多国家环保要求、打开国际市场提供了可能。因此，环境规制的实施有助于加深制造业出口企业的国际市场参与度，扩大国际市场份额。

表 7 - 7　　　　　　　环境规制对企业国际市场参与度的影响

变量	export (1)	deliver (2)	deliver (3)	deliver (4)
envirgov	0. 4489 ** (0. 1941)	0. 3550 *** (0. 0203)	1. 0236 *** (0. 3110)	0. 8719 *** (0. 1451)
age	− 0. 0845 (0. 0942)	0. 0550 *** (0. 0042)	0. 0016 (0. 0414)	0. 0740 ** (0. 0314)
fund	0. 2718 *** (0. 0460)	0. 1182 *** (0. 0031)	0. 1339 *** (0. 0315)	0. 2665 *** (0. 0133)
labor	0. 3521 *** (0. 0702)	− 0. 0325 *** (0. 0041)	0. 1051 ** (0. 0509)	0. 0843 *** (0. 0210)
HHI	2. 3066 (2. 3155)	0. 0390 (0. 0483)	0. 4240 (0. 5412)	0. 2226 (0. 2091)
TFP	0. 4039 *** (0. 0644)	− 0. 1571 *** (0. 0048)	− 0. 1044 ** (0. 0443)	− 0. 1517 *** (0. 0199)
profit	0. 3872 (0. 4107)	0. 0013 (0. 0010)	0. 0099 * (0. 0058)	− 0. 0159 (0. 0116)
newpro	0. 2022 *** (0. 0716)	0. 0008 *** (0. 0002)	− 0. 0058 *** (0. 0020)	0. 0021 * (0. 0012)

变量	export (1)	deliver (2)	deliver (3)	deliver (4)
_cons	- 4. 6772 *** (0. 6206)	0. 4361 *** (0. 0309)	- 1. 8398 *** (0. 4469)	0. 9988 *** (0. 1832)
Time	是	是	是	是
Firm	是	是	是	是
Area	是	是	是	是
N	159172	159172	19548	93552
R²	0. 0941	0. 1568	0. 1005	0. 1943

注：括号内数值为企业层面聚类稳健标准误；*、**、*** 分别表示在 10%、5% 和 1% 的置信水平上显著。

7.5.3 国内国际市场"双循环"讨论

通过上述分析可知，环境规制有助于推动国内中间品市场发展和出口企业国际市场参与度的提升，那么在国内和国际市场同时扩张的背景下，国内市场的发展对企业拓展国际市场会产生怎样的影响？企业对国际市场的深度参与又会对国内市场的扩张起到怎样的作用？国内和国际市场是否能够实现"双循环"从而实现国内国际贸易市场的联动和可持续发展值得更深入的剖析。这里主要从市场规模的绝对量角度展开分析，具体结果如表 7 - 8 所示。从列（1）~ 列（2）可以看到，国内中间品市场规模的扩张对企业出口有着积极影响，特别是对出口交货值比重的增加有显著的促进作用，且通过了 1% 的显著性水平检验，这一结果说明国内中间品市场的扩大有助于促进企业国际市场参与度的提升。列（3）反映了国内中间品投入的提高对企业 DVAR 的增加同样有显著的促进作用。综上可以认为，国内中间品市场的扩大有助于拓展企业在国际市场上的参与度并加深嵌入度。

表 7 – 8　　　　　　　　　　　　国内国际市场"双循环"讨论

变量	export (1)	deliver (2)	DVAR (3)	TM (4)	TM (5)	DM (6)	DM (7)	IM (8)	IM (9)
DM	0.0537 (0.0613)	0.0006 *** (0.0001)	0.0003 *** (0.0001)						
export				0.2782 * (0.1461)		0.1385 (0.1463)		0.1443 *** (0.0521)	
deliver					0.1775 * (0.0958)		0.1506 * (0.0828)		0.0476 * (0.0252)
age	-0.0456 (0.0746)	0.0542 *** (0.0043)	0.0119 *** (0.0014)	-0.5590 *** (0.2148)	-0.6004 ** (0.2593)	-0.5700 *** (0.1997)	-0.5969 *** (0.2274)	-0.0294 (0.0482)	-0.0512 (0.0651)
fund	0.2721 *** (0.0541)	0.1241 *** (0.0032)	-0.0146 *** (0.0007)	0.3336 ** (0.1422)	0.3998 ** (0.1886)	0.2829 ** (0.1306)	0.3135 ** (0.1535)	0.0546 (0.0345)	0.0948 ** (0.0448)
labor	0.3363 *** (0.0698)	-0.0323 *** (0.0042)	-0.0164 *** (0.0010)	0.4373 *** (0.1087)	0.5463 *** (0.1537)	0.3735 *** (0.1082)	0.4283 *** (0.1316)	0.0771 ** (0.0374)	0.1359 *** (0.0474)
HHI	2.0806 (2.1863)	0.0194 (0.0504)	-0.0325 ** (0.0157)	6.0299 ** (2.8499)	7.6144 * (4.5694)	6.0699 * (3.1678)	6.9083 (4.4482)	-0.0718 (0.7356)	0.8021 (0.6953)
TFP	0.3129 ** (0.1411)	-0.1621 *** (0.0050)	0.0282 *** (0.0012)	1.7531 *** (0.2538)	1.9009 *** (0.3446)	1.6047 *** (0.2278)	1.6896 *** (0.2789)	0.1867 *** (0.0569)	0.2600 *** (0.0785)
profit	0.3853 (0.3729)	0.0012 * (0.0006)							
newpro	0.1807 ** (0.0734)	0.0006 *** (0.0002)							
sale				0.2045 * (0.1052)	0.2364 ** (0.1086)	0.1647 * (0.0872)	0.1803 ** (0.0867)	0.0349 * (0.0199)	0.0512 ** (0.0252)
_cons	-3.735 *** (1.1596)	0.7000 *** (0.0311)	0.7036 *** (0.0326)	-14.517 *** (3.1550)	-15.69 *** (3.9673)	-15.122 *** (3.0634)	-15.708 *** (3.5086)	-0.3117 (0.7086)	-0.8690 (0.9809)
Time	是	是	是	是	是	是	是	是	是
Firm	是	是	是	是	是	是	是	是	是
Area	是	是	是	是	是	是	是	是	是
N	153087	153087	269441	279771	279771	260890	260890	260890	260890
R^2	0.1059	0.1571	0.1307	0.3693	0.3297	0.2623	0.2499	0.1950	0.1151

注：括号内数值为企业层面聚类稳健标准误；＊、＊＊、＊＊＊分别表示在 10%、5% 和 1% 的置信水平上显著。

列（4）~列（9）表示以出口交货值及其比重为代表的企业国际市场参与度对中间品市场、国内中间品市场以及进口中间品市场的影响。从列（4）~列（5）可以看出，企业国际市场参与的提升对中间品总投入的增加有积极的促进作用，且结果通过了10%的显著性水平检验。从列（6）~列（7）可以看到，企业出口规模的提升同样对国内中间品投入的扩大有积极影响，特别是出口交货值比重的增加对其有显著影响。从列（8）~列（9）可以看到，企业国际市场参与度的提高对进口中间品投入存在显著的促进作用。综上，企业国际市场参与度的提高在推动中间品市场扩大，特别是国内中间品市场的扩大并不是通过对进口中间品市场的绝对挤压实现的。企业提高国际市场参与，一方面大力促进了国内中间品市场发展壮大，另一方面企业也更加积极地深度融入国际市场中，推动了进口中间品市场的发展。

综上可以认为，在环境规制背景下，国内国际市场实现了联动的可持续性发展和"双循环"目标。之所以达到了这一良好效果是因为国内中间品市场的扩大直接推动了出口产品价值的增加，提高了出口产品的市场竞争力，因此有助于促进产品在出口"量"和"质"上获得竞争优势，进而促进了企业在国际市场上参与度的提升。而企业在国际市场上参与度的提高反映出企业参与国际竞争能力的增强，其对中间品特别是国内中间品供给质量和标准的要求也会随之提升，这一结果会"倒逼"国内中间品企业加速产品技术更新和产品附加值的提高，以满足不断变化的外部市场需求，这有助于国内中间品的质量和数量得到提升，进而推动国内中间品市场的扩大。同时，企业在国际市场参与度的扩张使得对中间品的总需求随之增加，因此整个市场的总需求被打开。

7.6　本章小结

本章从市场层面出发，对环境规制、国内中间品市场变动以及企业出口国内附加值率关系进行了实证检验，并在此基础上针对不同国内中间品市场进行了分类，展开了异质性分析。之所以选取国内中间品作为本章的核心研究对象，是因为出口国内附加值率计算的核心指标之一是国内中间品投入量，这一指标直接决定了出口国内附加值率的高低，因此将国内中间品市场的变动放置到环境规制背景下企业出口国内附加值率提升的研究框架中就尤为重要。此外，环境规制是政府的主导行为，企业产出价值的变动是企业的生产结果行为，政府政策的实施会通过市场进行传导并最终作用在微观企业上，而企业对政府实施政策的反应也势必会通过市场进行呈现。因此，从市场层面特别是国内中间品市场出发，考察环境规制和企业出口国内附加值率总体关系的传导机制十分必要。具体结论如下所述。

第一，环境规制显著提高了企业国内中间品投入比重，且对非技术类和技术类国内中间品的投入均存在提升影响，但对技术类国内中间品投入的提升具有更显著的影响，说明环境规制有助于推动国内中间品市场的扩大，特别是技术类中间品市场。影响机制结果表明，从市场层面来看，国内中间品市场的扩大在环境规制和企业出口国内附加值率提升的积极关系中发挥着重要的中介作用，国内中间品市场扩大是制造业DVAR 提升的重要因素。

第二，从不同发展程度和环境类别企业分类来看，环境规制对低附加值企业国内中间品投入比重的提升有更积极的影响，即其对这类企业对应的国内中间品市场规模的扩大有积极作用。同时，相比于非技术类产品市场，环境规制对技术类国内中间品市场发展的促进作用更加显著。上述结果反映出环境规制对低附加值企业国内中间品投入的影响更为直接和有效，这也与中国以劳动密集型生产方式为主以及低技术程度实现技术红利的周期较短有关。同时也应注意到环境规制对高附加值特别是高附加值技术类企业的影响没有达到理想效果，这可能是由环境规制程度、配套环境政策实施等不完善以及高技术国内中间品技术革新的资金、风险等的约束所导致，这一结果应引起重视。

第三，从对国内市场变动的影响看，环境规制显著推动了中间品市场的扩大，同时也推动了国内中间品市场在中间品总市场中份额的提升，对进口中间品的相对市场份额存在一定的抑制作用。可以认为环境规制对中间品市场总规模扩大的推动主要依赖于对国内中间品市场的扩张实现，即环境规制对国内中间品市场绝对规模的扩大作用推动了中间品市场整体规模的扩张。从对国际市场变动的影响看，环境规制显著推动企业国际市场参与度的提高和嵌入度的加深，这一结果对企业出口规模的扩大和出口产品质量的提升均产生了积极的影响。进一步地，在环境规制对企业国内和国际市场发展的积极影响背景下，国内市场的发展有助于推动企业国际市场参与度和嵌入度的提高，而企业国际市场嵌入度的提高反过来也促进了国内市场的扩张，因此国内国际市场存在实现"双循环"和可持续发展的可能。

第8章 环境规制、政府绿色投入与企业出口国内附加值率关系研究

8.1 引　　言

中国的传统出口贸易长期以来带着低附加值和高污染特性（魏龙和潘安，2016；薛俭和丁婧，2020），国内产品增加值含量较低使中国在全球价值链上处于较低的被动位置（刘启仁和铁瑛，2020；高运胜和杨阳，2020；符大海和鲁成浩，2021），而产品生产伴随着环境污染的发生也增加了环境保护压力。不断扩大的出口贸易规模进一步加重了中国的环境污染程度（许士春，2006）。在中国特色社会主义新时代下，创新、协调、绿色、开放、共享的新发展理念的提出为中国现代化经济发展指明了方向，绿色发展模式成为环境发展和经济发展平衡关系实现的关键（史贝贝等，2017）。绿色发展模式的实现一方面需要政府在外部进行环境规制的引导，另一方面也需要企业积极推动发展模式转变。上述两种方式均会对企业成本带来冲击，进而挤占企业的研发和生产性支出，这对企业在外贸中维持现有的价格优势以及推动产品国内附加值程度的提升形成了阻碍。环境规制对企业成本的冲击（刘亮，2018；Sun et al.，2019；吕鹏和黄送钦，2021）直接影响着企业对发展模式的选择，也直接左右着企业出口国内附加值率的变动，因此，更好地解决环境规制和贸易发展特别是贸易高质量发展间这一"悖论"成为实现环境保护和贸

易高质量发展"双赢"目标的关键。

政府实施环境规制意味着其对地区环境质量重视程度的提升，在这一背景下政府会加大与改善地区环境质量相关政策和资金（Todorov，2020；Ren et al.，2021；Bai et al.，2021）的支持，即政府作为重要的社会主体会参与到环境治理进程中。从全域视角来看，环境质量的改善是整体社会环境质量的改善，政府的参与在加速地区环境质量改善的同时，也为企业进行环境治理分担了部分压力。政府参与地区环境规制主要包括增加对地区的环保投入和对企业绿色发展的补贴等，分别从对地区宏观和对企业微观发展的影响两个层面展开。政府对地区绿色发展的投入在环境规制背景下对地区发展和企业行为势必会产生一定影响（Lokshin and Mohnen，2012；戴小勇和成力为，2019；何凌云等，2020），其在地区环境规制中扮演的角色和在企业绿色发展中发挥的作用能否成为突破环境保护与贸易发展，特别是贸易高质量发展矛盾关系的关键值得深入分析。

政府作为社会的宏观管理者，其在统筹安排社会发展模式的过程中，也需要积极地参与进来，充分发挥政府在环境、经济和社会治理中的作用。在这一背景下，本章从政府层面出发，探讨政府在环境规制与制造业高质量发展中的角色和作用，更侧重于讨论政府推进环境规制与政府绿色投入的变动关系，即在环境规制背景下政府是否积极参与其中。并在此基础上，进一步分析环境规制下政府对地区和企业的绿色投入，是否是促进企业出口真实贸易利得提升的关键。此外，上述结果在不同发展程度和环境类别企业下是否会呈现差异也值得分析。最后，为了更全面地呈现政府对企业和地区发展所产生的影响，本章针对政府绿色投入所产生的成本效应、环境效应和社会效应展开了扩展性分析。本章重点将围绕上述问题展开分析和讨论，旨在为探索兼顾环境保护和贸易高质量发展的可能性出路提供一定的理论和经验参考。

8.2　理论机理与假设提出

行政命令型环境规制意味着政府作为实施的主体参与到环境治理的进程中来，这反映了政府对地区环境改善的重视，政府在推进环境规制中置身其中进行参与（李瑞前和张劲松，2020），与企业一样通过改变自身行为来对地区环境施加积极影响（张平淡，2018）。有学者研究发现，空气污染与政府环保支出存在紧密关系（席鹏辉和梁若冰，2015），鉴于此，有学者将环保投入视为环境规制的代理变量（Broberg et al.，2013），可以看到环境规制和政府环保支出确实存在紧密联系。在这一背景下，政府的积极参与势必会使其加大对地区环保的投资程度，从政府层面为地区环境质量改善提供优良的外部支持。

企业作为环境规制的重要对象，政府也会介入对其不合理发展模式的纠正中，在企业层面政府会加大对其绿色补贴的支出，鼓励企业加速技术创新，采用更清洁的生产方式进行生产活动。进一步地，环境规制程度越高表明政府对改善地区环境质量的期望就越迫切，因此，其对地区和企业的绿色投入会随着规制程度的提高而增多。基于此，在行政命令型环境规制实施下，政府会更加重视地区环境改善，以治理主体角色积极参与到环境治理中来，加大对地区和企业的绿色投入，从宏观和微观两个层面共同推动地区整体环境治理进程，且随着环境规制程度的提升其对政府绿色投入增加的影响会更加积极。

假设 8-1：环境规制有助于促进政府对地区和企业绿色投入的增加，且随着治理程度的提高，政府绿色投入幅度会显著上升。

环境规制通过约束企业对环境的负外部性影响来实现地区环境质量的改善（朱亚杰和刘纪显，2021），在这一过程中企业是最主要的行动者。为了符合环保要求，企业会调整生产行为，通过更清洁的方式进行生产活动，这对企业而言会增加额外的成本压力，可能会出现治污投资"挤占"研发支出（Stoeverj and Weche，2018）形成"挤出效应"。在这一背景下，政府对地区和企业绿色投入的增加有助于缓解企业技术革新成本压力。从政府对地区绿色投入来看，由于地区环境质量的改善是一个整体性结果，政府对地区环保投资的增加有助于加速地区治污进程，这为企业分担了治污投入的压力。因此，随着政府对地区环保投资的增加，环境规制对企业出口国内附加值率的提升影响呈现积极效果。

从政府对企业绿色投入的增加来看，其对企业补贴的目的是促进企业高水平生产和发展，而这一结果实现的关键在于创新的推进，因此，政府对企业发展的补贴可视为对企业的绿色补贴。因此，政府对企业的补贴有利于缓解企业成本压力，促进研发投入的增加（Wu，2017），进而加速创新产出"补偿效应"的实现，推动创新行为的可持续性，这对提高企业生产效率有积极影响。进一步地，政府对企业绿色补贴的增加会加速地区企业间出现绿色竞争从而提高地区整体竞争优势和市场活力，引致更多的外部企业投资和流入，产生积极的集聚效应。此外，政府绿色补贴在加速企业创新行为发生的同时，也间接推动着国内中间品市场的扩大。由于政府绿色补贴是直接流入企业，可以对企业生产行为直接产生影响，因此相比于其对地区的绿色投入，对企业绿色补贴带来的积极作用效果更好。综上来看，随着政府对企业绿色补贴的增加，环境规制对企业出口国内附加值率的提升效果更好。

假设 8-2：随着政府对地区和企业绿色投入的增加，环境规制对企业出口国内附加值率的提升影响显著，这一结果在政府对企业绿色补贴方式下更为积极。

在环境规制背景下，政府为了加速改善地区环境质量会从排污源头推进治理，加大对微观企业的绿色补贴，通过引导企业向清洁型转型发展来使其摆脱对传统发展模式的依赖。在对企业发展的引导中，中国制造业向高端化发展已成为当前贸易高质量发展的重要方向，成为中国在国际市场上获得竞争优势、提高价值链位置的重要手段（徐华亮，2021）。而高附加值类型的企业由于属于技术密集型，对技术的发展要求较高，且其发展方向与制造业高端化发展目标相吻合，在这一背景下，高附加值企业更容易获得政府的重点扶持（黄毅敏和齐二石，2015）。因此，在环境规制下，高附加值型企业更易获得政府绿色资金的支持。此外，由于集聚积极效应的存在，同类型企业更容易聚集在相同地区进行发展，因此，环境规制下政府对高附加值型企业对应地区环保投入的程度也会增加。

假设8-3：环境规制对政府绿色投入流入高附加值型企业及其聚集地区的影响更为积极。

8.3　模型设定与指标选取

8.3.1　模型设定

本章主要从政府层面出发，探讨环境规制对政府绿色投入和企业出口国内附加值率变动的影响。因此，本章首先就环境规制对政府绿色投入的影响进行检验，以期明确环境规制背景下政府参与环境治理的积极性程度，具体模型构建如下：

$$govinput_{pti} = \alpha_0 + \alpha_1 envirgov_{pt} + \sum Control_{pti} + \mu_i + \sigma_t + \rho_p + \varepsilon_{pti}$$

$$(8-1)$$

其中，$govinput_{pti}$表示政府对地区或企业的绿色投入额，具体包括政府对 p 地区第 t 年的环保投资额（$protectinput$）和政府对 p 地区第 t 年企业 i 的绿色补贴额（$subsidyrate$）；$envirgov_{pt}$表示 p 地区第 t 年的环境规制程度；$Control_{pti}$为影响政府绿色投入的一系列控制变量，地区总人口数、森林覆盖率、城市化率和财政收入水平对政府环保投资的影响较大，因此，这里将上述变量在模型中予以控制，而与企业发展相关的企业特征变量诸如企业营业持续时间、资本密集度、劳动力投入、行业集中度和企业全要素生产率与政府对企业绿色补贴紧密相关，因此这里除了将财政收入添加进政府对企业绿色补贴模型中进行控制外，还将上述变量同时加入该模型中进行控制。μ_i、σ_t 和 ρ_p 分别表示企业个体（*Firm*）、时间（*Time*）和地区（*Area*）固定效应，ε_{pti} 为随机干扰项。式（8-1）中，α_1 是这里关注的重点，以此来衡量环境规制对政府绿色投入的影响程度，根据理论分析可以得到 $\alpha_1 > 0$。

在考察了环境规制对政府绿色投入的影响后，本章在此基础上对环境规制、政府绿色投入和企业出口国内附加值率的关系进行识别，试图明确政府绿色投入在环境规制对企业出口国内附加值率提升结果中的角色和作用。因此，本章在此构建门限模型进行详细分析。由于门限模型对数据存在平衡性要求，这里对所涉数据进行了地区层面的均值化处理，具体模型构建如下：

$$DVAR_{pt} = \beta_0 + \beta_1 envirgov_{pt} \cdot I(protectinput_{pt} \leqslant \pi)$$
$$+ \beta_2 envirgov_{pt} \cdot I(protectinput_{pt} > \pi) + \theta X_{pt} + \varepsilon_{pt}$$
$$(8-2)$$

$$DVAR_{pt} = \gamma_0 + \gamma_1 envirgov_{pt} \cdot I(subsidyrate_{pt} \leqslant \tau)$$
$$+ \gamma_2 envirgov_{pt} \cdot I(subsidyrate_{pt} > \tau) + \theta X_{pt} + \varepsilon_{pt}$$
$$(8-3)$$

其中，$DVAR_{pt}$ 为 p 地区第 t 年平均出口国内附加值率，$envirgov_{pt}$ 表示 p 地区第 t 年的环境规制程度，$protectinput_{pt}$ 和 $subsidyrate_{pt}$ 均为门槛变量，分别表示政府对地区环保投资额和政府对企业绿色补贴额，X_{pt} 为系列控制变量，除了环境规制外其余变量均经过了平均化处理。这里，本章主要关注 β_1、β_2 以及 γ_1、γ_2 的值。

8.3.2 指标选取

本章主要从政府层面探讨环境规制、政府绿色投入和企业出口国内附加值率的关系，更加侧重研究环境规制带来对企业成本冲击和贸易高质量发展矛盾关系中政府的角色及其行为作用，因此，在变量选取上本章不仅考虑了政府对地区和企业两个维度的绿色投入情况，还进一步考虑了政府绿色投入对企业和社会发展影响的相关因素，具体指标选取如下所述。

（1）被解释变量。本章的因变量选取主要包括政府绿色投入和企业出口国内附加值率两个对象，以上两个指标主要被应用于门限效应检验部分。具体地，首先，政府对地区的绿色投入选取政府地区环保投资额作为研究对象，政府对企业的绿色投入选取政府对企业绿色补贴作为研究对象。其次，是以企业成本、研发支出、不同程度污染行业企业个数、地区非国有经济得分、地区企业净流入量和企业总数增长率作为被解释变量，上述指标的选取旨在探讨政府绿色投入对企业和社会发展带来的"溢出"影响。其中，企业成本的核算和第 6 章参考标准一样，借鉴许和连和王海成（2016）、耿伟和杨晓亮（2019）的计算方式。

（2）核心解释变量。本章核心解释变量主要包括两个，首先是以环境规制作为核心解释变量，主要涉及对环境规制、政府绿色投入和企业出口国内附加值率关系的研究。其次，是以政府绿色投入作为核心解释变量，主要涉及政府绿色投入带来的对企业和社会发展的效应研究。这里首先考察了政府对地区环保投资额的发展趋势，具体结果如图 8 - 1 所示。总体来看，2001 ~ 2015 年政府对地区环保投资额呈现波动上升趋势。分地区来看，东部地区的环保投资额远远高于其他区域，就发展趋势而言，东部和西部地区均呈现上升态势，相比之下中部地区在 2017 年存在小幅度下降现象。综上所述，全国环保投资额总体呈现上升趋势，但投资数额有小幅下降现象，且东部地区环保投资程度显著高于其他区域，相比于东部和西部地区环保投资的增长趋势，中部地区面临小幅下降情境。

（3）控制变量。由于地区总人口、森林覆盖率、城镇化率和财政收入水平对政府的地区环保投资额会产生一定影响，因此，在模型构建时，本章将上述变量添加进相关模型中予以控制。针对政府对企业绿色补贴而言，在控制了财政收入水平变量外，本章还将与企业特征有关的企业营业持续时间、资本密集度、劳动力投入、行业集中度和企业全要素生产率添加进模型中进行控制。其余对企业 DVAR 及与企业发展相关的影

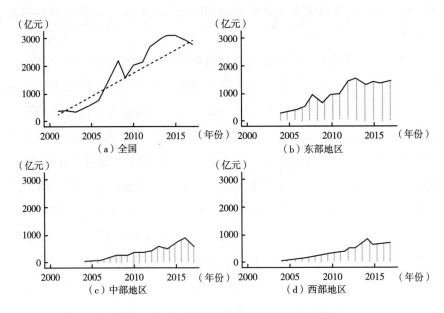

图 8 - 1　政府对地区环保投资额发展趋势

响因素，本章参考前面研究对控制变量进行了选取，所选变量与第 5 章、第 6 章和第 7 章保持一致。对企业成本会产生影响的其他变量，本章参考第 6 章的相关控制变量选取，对企业销售收入、利润总额、新产品产值和出口交货值四个变量放置进模型中进行控制。

8.3.3　数据来源

本章与企业相关的数据均来自中国工业企业数据库和中国海关贸易数据库，其余数据来源于《中国环境统计年鉴》《中国环境年鉴》《中国城市统计年鉴》等。考虑到微观企业数据目前只更新到 2013 年，且现有研究最新的数据时间也聚焦于 2000 ~ 2013 年，故这里选取该时间段数据进行分析。本章所涉变量的解释说明如表 8 - 1 所示。

表 8 – 1 所涉变量的解释说明

变量	变量含义	计算方法
envirgov	行政命令型环境规制	首先,对工业废水排放达标率、工业二氧化硫排放达标率、工业烟尘排放达标率和工业固体废物利用率四个变量进行标准化处理。其次,基于熵权法公式进行核算,即 $E_j = -\ln(m)^{-1}\sum_{i=1}^{m} P_{ij}\ln(P_{ij})$,其中 $P_{ij} = x_{ij}/\sum_{i=1}^{m} x_{ij}$。$W_j = (1-E_j)/\sum_{j=1}^{n}(1-E_j)$,其中,$E_j$ 表示信息熵,m 代表研究目标总数,x_{ij} 为具体元素,P_{ij} 可被视为每个元素对所在特征下的贡献程度,而 W_j 表示在信息熵基础上计算的权重
protectinput	政府对地区环保投资额	政府对地区环保投资额取对数
subsidyrate	政府对企业绿色补贴额	(政府对企业补贴额/企业销售额)
DVAR	企业出口国内附加值率	(1 – 企业进口中间品投入/企业总产出)
age	企业营业持续时间	(企业开业年份 – 当期年份 + 1) 取对数
fund	企业资本密集度	(固定资产净值均值/企业雇用员工数均值) 取对数
labor	劳动力投入数量	企业雇用员工总人数取对数
HHI	行业集中度	$\sum_f (E_i^f/E_i)^2$,其中 E_i^f 为行业 i 中企业 f 雇用的劳动力量,E_i 表示行业 i 中总劳动力雇用量
TFP	企业全要素生产率	采用半参数回归法,迭代次数设置为 50 且置信区间为 95%,将企业雇用员工数量、固定资产、工业增加值和中间品投入纳入对 *TFP* 的估算中来,其中中间品投入作为工具变量来解决 *TFP* 生产过程中的内生性问题
population	年末总人口数	地区年末总人口数
forestrate	森林覆盖率	森林覆盖率
urban	城镇化率	(城市人口数/地区总人口数) × 100%
fiscal	人均财政收入额	地区财政收入/总人口数
cost	企业成本	(企业管理费用 + 财务费用 + 销售费用 + 主营业务成本 + 主营业务应付工资额 + 主营业务应付福利费)
RD	企业研发支出额	企业研发支出额
sale	企业销售收入	企业销售收入总额

变量	变量含义	计算方法
export	企业出口交货值	企业出口交货值总额
profit	企业利润额	企业利润总额
product	企业新产品产值额	企业新产品产值总额
nonstate	非国有经济发展得分	非国有经济发展得分
inflowfirm	地区企业净流入数量	地区企业净流入数量取对数
firmrate	企业总数增长率	(当年企业总数－前一年企业总数)/前一年企业总数

此外，本书首先对所有变量样本量、均值和标准差进行了统计分析，通过结果可得，所有变量的取值均在合理区间，说明本书所涉变量的选取具有可信度，具体结果如表 8－2 所示。

表 8－2　　　　　　　　　　所有变量的描述性统计分析

变量	样本量	均值	标准差
envirgov	312459	0.7047	0.2511
protectinput	312459	3.5141	1.7797
subsidyrate	296161	0.0015	0.0228
DVAR	312567	0.7999	0.2241
age	312042	2.1333	0.6683
fund	310036	3.22	1.4127
labor	311270	5.5399	1.1917
HHI	312, 567	0.0005	0.0169
TFP	306426	4.8133	0.8919
population	312459	0.6335	0.2977
forestrate	260333	32.8185	20.3523
urban	312459	55.5206	20.3754
fiscal	312459	0.4338	0.3552
industrial	312413	3.7089	26.1502
cost	181981	2.3855	15.9817

变量	样本量	均值	标准差
RD	127990	0. 0857	1. 3665
sale	312411	3. 7267	30. 4917
export	301650	1. 0661	12. 0740
profit	312359	0. 2364	5. 1989
newproduct	170467	0. 4080	6. 2104
highfirm	312459	16. 5642	11. 1127
lowfirm	312459	16. 9271	12. 2814
nonstate	312459	9. 2137	2. 0461
inflowfirm	312459	3. 9345	2. 9262
firmrate	301519	9. 0745	34. 3347

8.4 环境规制对政府绿色投入与出口国内附加值率的影响

8.4.1 基准回归结果

基于理论部分的分析，本书实证检验了环境规制对政府绿色投入的影响，同时，由于不同地区对环境规制的重视程度存在差异，因此，本书对不同环境规制推进程度对地区政府绿色投入的异质性影响也进行了相应的分析。具体地，将环境规制程度划分为两类，即低环境规制度和高环境规制度，具体结果如表8-3所示。列（1）~列（2）表示环境规制对政府绿色投入的影响，可以看到环境规制促进了政府对地区和企业绿色投入的增加。列（3）~列（6）表示不同环境规制程度对政府绿色投入的影响，可以看出无论是对地区还是对企业的绿色投入，随着环境规制程度的提高，政府绿色投入的幅度会显著上升，这也与政府对地区环境愈加重视有关，正因如此，其会更倾向于加大对地区和企业的绿色投入力度。

表 8 - 3　　　　　　　　　环境规制对政府绿色投入的影响

变量	protectinput (1)	subsidyrate (2)	protectinput (3)	protectinput (4)	subsidyrate (5)	subsidyrate (6)
envirgov	0.5280 *** (0.0255)	0.0024 * (0.0012)				
Envirgov × weak			-0.5132 *** (0.1667)		-0.0001 (0.0082)	
envirgov × strong				0.4956 *** (0.0229)		0.0024 ** (0.0009)
population	0.5817 *** (0.0523)		-2.5338 (2.2315)	0.6936 *** (0.0538)		
forestrate	-0.0420 *** (0.0012)		-0.0013 (0.0081)	-0.0430 *** (0.0012)		
urban	0.0047 *** (0.0001)		-0.1162 *** (0.0214)	0.0047 *** (0.0001)		
fiscal	0.1962 *** (0.0199)	0.0009 (0.0005)	-0.8295 *** (0.3081)	0.2256 *** (0.0201)	0.0151 (0.0134)	0.0008 (0.0005)
age		0.0004 ** (0.0002)			0.0048 ** (0.0020)	0.0003 (0.0002)
fund		0.0001 (0.0001)			-0.0001 (0.0008)	0.0001 (0.0001)
labor		0.0002 * (0.0001)			0.0005 (0.0008)	0.0002 (0.0001)
HHI		0.0016 (0.0013)			0.0883 (0.0712)	0.0013 (0.0012)
TFP		-0.0006 *** (0.0001)			-0.0107 ** (0.0052)	-0.0005 *** (0.0001)
_cons	2.2127 *** (0.1656)	0.0003 (0.0013)	6.9112 *** (1.3617)	2.2098 *** (0.1692)	0.0455 * (0.0234)	-0.0003 (0.0010)

续表

变量	protectinput (1)	subsidyrate (2)	protectinput (3)	protectinput (4)	subsidyrate (5)	subsidyrate (6)
Time	是	是	是	是	是	是
Firm	是	是	是	是	是	是
Area	是	是	是	是	是	是
N	260323	289952	4278	256045	5053	284899
R^2	0.6148	0.0010	0.7301	0.6152	0.0200	0.0010

注：括号内数值为企业层面聚类稳健标准误；＊、＊＊、＊＊＊ 分别表示在 10%、5% 和 1% 的置信水平上显著。

　　地方政府推进环境规制的目的是改善区域整体环境质量，作为排污主体，企业势必是治理的重点目标。环境规制会直接对企业成本造成冲击，从而使其治污投资部分存在"挤占"企业生产研发投资部分的可能，因此，环境规制的推进与制造业企业高端化发展存在一定矛盾，而解决这一矛盾的关键是企业的成本问题。政府实施环境规制反映了其对地区环境的重视，在这一背景下，作为社会主体之一的政府为了加速改善地区环境质量，会加大对地区和企业绿色环保投资的力度，积极参与到整个社会的环境治理中来，因此，政府绿色环保投入对环境带来的积极影响在一定程度上可以减轻企业进行环境治理的压力。那么，环境规制对企业出口国内附加值率的提升影响是否是通过政府增加绿色支出而实现的值得进一步探究。基于此，本章从政府绿色投入出发，分析政府对地区和企业绿色支出在环境规制和企业 DVAR 提升影响中的作用。

　　由于本章通过构建门限模型进行分析，因此，这里首先对门限效果进行检验。本书以政府对地区的环保投资和对企业的绿色补贴分别作为门槛变量进行检验，具体结果如表 8-4 所示。可以看出政府对地区的环保投资和对企业的绿色补贴均存在单一门槛。进一步地，为了更形象地呈现门槛值，本章分别绘制了两个门槛变量的检验图，具体如图 8-2 和图 8-3 所示。

表 8 - 4					门限效果检验				
门槛 变量	模型	F 值	P 值	BS 次数	门槛 估计值	95% 置信区间	临界值		
							1%	5%	10%
protectinput	单一门 槛检验	82.76 ***	0.0013	800	2.6672	[2.6202, 2.6741]	66.0449	50.5113	44.4084
	双重门 槛检验	13.82	0.9050	800					
subsidyrate	单一门 槛检验	61.36 **	0.0425	800	0.0016	[0.0015, 0.0016]	68.1170	60.8993	56.2021
	双重门 槛检验	25.95	0.1525	800					

注：** 、*** 分别表示在 5% 和 1% 的置信水平上显著。

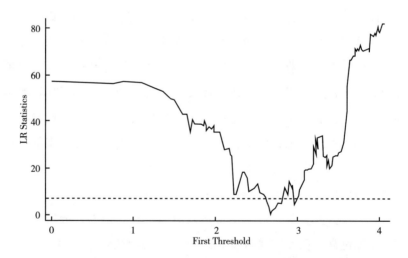

图 8 - 2　以政府对地区环保绿色投资为门槛变量的估计值和置信区间

　　进一步地，本章对政府绿色投入发展下的环境规制对企业 DVAR 的影响进行门限效应检验。以政府对地区环保投资作为门槛变量先进行检验，结果如表 8 - 5 所示。可以看到，当政府对地区环保投资小于门限值 2.6672 时，环境规制对企业 DVAR 的提升存在显著的促进作用，且结果通过了 1% 的显著性水平检验。随着政府对地区环保投资额的增加，当其大于 2.6672 时，环境规制对企业 DVAR 的提升同样存在显著的积极影

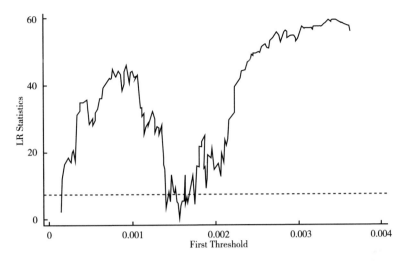

图 8 – 3 以政府对企业绿色补贴为门槛变量的估计值和置信区间

响，但对比回归系数可知，这一促进幅度要小于政府对地区环保投资初期阶段带来的影响。可以看到，在环境规制背景下，初期政府对地区环保投资的增加使得环境规制对企业 DVAR 的提升有更大的促进作用，随着政府环保投资的进一步增加其带来的积极影响效果略有下降。这可归因于在环境规制初期，环境总体质量相对较低，单位环保投资带来的对环境的改善效果更大，此时环境规制对企业 DVAR 的提升效果更好。随着环境质量的改善以及企业技术更新和设备的升级完善，政府对地区环保投资带来的对企业的影响效果相对减弱，但由于其在一定程度上仍然存在减轻企业治污成本压力的作用，因此随着政府对地区环保投资的增加，环境规制对企业 DVAR 提升的积极作用仍然存在。

表 8 – 5   政府对地区绿色环保投资下的门限模型估计结果

变量	*DVAR* （1）	标准误 （2）	T 值 （3）	P 值 （4）
envirgov （*protectinput* < 2. 6672）	0. 5580 ***	0. 0156	35. 80	0. 000
envirgov （*protectinput* ≥ 2. 6672）	0. 4639 ***	0. 0143	32. 24	0. 000

续表

变量	DVAR （1）	标准误 （2）	T值 （3）	P值 （4）
age	0.0044 ***	0.0012	3.68	0.000
fund	0.0624 ***	0.0042	14.93	0.000
labor	−0.0400 ***	0.0113	−3.53	0.000
HHI	−0.1971	0.8654	−0.23	0.820
TFP	0.1840 ***	0.0089	20.68	0.000
_cons	−0.4914 ***	0.0770	−6.38	0.000
N	3850			
R²	0.3460			

注：*** 表示在1%的置信水平上显著。

  随后，本章以政府对企业绿色补贴作为门槛变量进行检验，具体结果如表8－6所示。可以看到，当政府对企业绿色补贴小于门限值0.0016时，环境规制提升一个单位，企业 DVAR 会提高0.4653个单位，且结果通过了1%的显著性水平检验。随着政府对企业绿色补贴的持续增加，当其跨过门槛值大于0.0016时，环境规制提高一个单位，企业 DVAR 会提高0.5459个单位，且这一结果同样也通过了1%的显著性水平检验。可以看到，随着政府对企业绿色补贴的增加，环境规制对企业 DVAR 的提升幅度越来越大，这是由于政府对企业的绿色补贴能够有效加速企业技术创新速度，推动企业技术复杂度的提升，并实现向更清洁型的制造业高端化转型发展。

表8－6   政府对企业绿色补贴下门限模型估计结果

变量	DVAR （1）	标准误 （2）	T值 （3）	P值 （4）
envirgov （subsidyrate <0.0016）	0.4653 ***	0.0145	31.99	0.000
envirgov （subsidyrate ≥0.0016）	0.5459 ***	0.0154	35.41	0.000

续表

变量	DVAR （1）	标准误 （2）	T 值 （3）	P 值 （4）
age	0.0038 ***	0.0012	3.21	0.001
fund	0.0629 ***	0.0042	14.98	0.000
labor	－ 0.0203 *	0.0110	－ 1.84	0.066
HHI	0.0518	0.8677	0.06	0.952
TFP	0.1619 ***	0.0083	19.52	0.000
_cons	－ 0.5156 ***	0.0773	－ 6.67	0.000
N	3850			
R²	0.3424			

注：＊、＊＊＊分别表示在 10% 和 1% 的置信水平上显著。

8.4.2　环境规制影响政府绿色投入的异质性检验

进一步地，本书考察了环境规制对政府绿色投入流入不同发展程度和环境类别企业的影响，具体结果如表 8 - 7 所示。可以看到，环境规制对低附加值且低污染型企业和高附加值企业类型的聚集地区政府环保投资的增加有积极作用，且结果通过了 1% 的显著性水平检验。从政府对企业绿色补贴来看，相比于低附加值企业，环境规制有助于促进政府对高附加值型企业的绿色补贴。综上可得，环境规制有助于促进政府绿色投入流入高附加值类型企业中或其聚集地区。产生这一结果的原因在于，环境规制的推进意味着政府对环境更加重视，而我国制造业向高端化转型发展是当前的主要发展方向，因此，在环境规制下，高附加值型企业发展会得到重视，政府绿色投入更多地会集中于高附加值企业，推动其向清洁型的技术复杂度更高的方向发展。

表 8 - 7   环境规制影响政府绿色投入的异质性检验

变量	protectinput 低附加值—低污染 (1)	protectinput 低附加值—高污染 (2)	protectinput 高附加值—低污染 (3)	protectinput 高附加值—高污染 (4)	subsidyrate 低附加值—低污染 (5)	subsidyrate 低附加值—高污染 (6)	subsidyrate 高附加值—低污染 (7)	subsidyrate 高附加值—高污染 (8)
envirgov	0.2685 *** (0.0785)	- 0.0126 (0.0719)	0.5270 *** (0.0444)	0.5480 *** (0.0509)	- 0.0001 (0.0011)	- 0.0010 (0.0013)	0.0022 ** (0.0010)	0.0003 (0.0027)
population	1.0802 *** (0.1543)	0.7649 *** (0.1531)	1.0325 *** (0.1189)	- 0.0039 (0.1038)				
forestrate	- 0.0764 *** (0.0035)	- 0.0384 *** (0.0043)	- 0.0323 *** (0.0021)	- 0.0227 *** (0.0020)				
urban	0.0043 *** (0.0003)	0.0044 *** (0.0003)	0.0059 *** (0.0002)	0.0062 *** (0.0002)				
fiscal	0.8588 *** (0.0621)	0.3195 *** (0.0600)	0.1720 *** (0.0365)	- 0.1254 *** (0.0353)	0.0004 (0.0009)	- 0.0011 (0.0008)	0.0010 ** (0.0005)	0.0002 (0.0011)
age					- 0.0003 (0.0003)	0.0002 (0.0003)	0.0002 (0.0002)	0.0005 * (0.0002)
fund					0.0001 (0.0002)	- 0.0002 (0.0002)	0.0003 *** (0.0001)	- 0.0001 (0.0001)
labor					0.0002 (0.0002)	- 0.0001 (0.0002)	0.0005 *** (0.0001)	0.0001 (0.0003)
HHI					- 0.0001 (0.0004)	- 0.0003 (0.0005)	0.0016 (0.0021)	0.0032 (0.0026)
TFP					- 0.0005 ** (0.0002)	- 0.0004 ** (0.0002)	- 0.0004 *** (0.0001)	- 0.0010 ** (0.0004)
_cons	4.8774 *** (0.1352)	3.7122 *** (0.1336)	2.7171 *** (0.0945)	3.2820 *** (0.0885)	0.0013 (0.0018)	0.0042 ** (0.0020)	- 0.0022 (0.0014)	0.0071 ** (0.0034)
Time	是	是	是	是	是	是	是	是
Firm	是	是	是	是	是	是	是	是
Area	是	是	是	是	是	是	是	是
N	39584	40583	89730	90426	42256	45115	98324	104257
R^2	0.6169	0.6122	0.5892	0.6105	0.0015	0.0013	0.0053	0.0011

注：括号内数值为企业层面聚类稳健标准误；*、**、*** 分别表示在 10%、5% 和 1% 的置信水平上显著。

8.5　政府绿色投入引致的效应分析

8.5.1　成本效应

　　环境规制下企业治污投资会存在"挤占"其生产研发投资的可能。而在中国贸易发展是以价格为竞争优势的背景下，环境规制对企业增加的成本负担与中国贸易高质量发展存在"悖论"，因此，如何更好地解决成本这一重要问题成为平衡环境保护和贸易高质量发展关系、探索制造业向清洁型和高端化转型发展的关键。通过前面研究发现，环境规制通过政府加大对地区和企业的绿色投入实现了对企业 DVAR 的提升，那么，政府绿色投入与企业成本变动存在怎样的关系值得进一步分析。对此本章进行了详细考察，具体结果如表 8 - 8 所示。

表 8 - 8　　　　　　　　　政府绿色投入带来的成本效应分析

变量	cost （1）	cost （2）	RD （3）	RD （4）
protectinput	- 0.1595 * （0.0817）		0.0212 ** （0.0103）	
subsidyrate		- 0.1785 （0.2748）		0.1872 ** （0.0910）
age	- 0.5549 *** （0.1567）	- 0.5771 *** （0.1596）	- 0.2008 *** （0.0521）	- 0.2060 *** （0.0572）
fund	0.3865 *** （0.0557）	0.3914 *** （0.0564）	0.0699 *** （0.0075）	0.0650 *** （0.0072）
labor	0.2783 *** （0.0844）	0.2555 *** （0.0861）	0.0045 （0.0186）	- 0.0020 （0.0199）
HHI	0.0321 （0.8247）	0.0678 （0.8261）	0.5823 （0.8126）	0.7097 （0.8508）

续表

变量	cost (1)	cost (2)	RD (3)	RD (4)
TFP	0.5574 *** (0.0815)	0.6539 *** (0.0929)	0.0887 *** (0.0120)	0.0941 *** (0.0137)
sale	0.0297 (0.0270)	0.0294 (0.0267)		
export	1.0602 *** (0.0685)	1.0622 *** (0.0689)		
profit	1.8957 *** (0.3735)	1.8876 *** (0.3735)		
product	0.5022 *** (0.0991)	0.5058 *** (0.1004)		
_cons	−4.4170 *** (0.7597)	−4.7096 *** (0.7769)	−0.3975 *** (0.1067)	−0.2752 *** (0.0813)
Time	是	是	是	是
Firm	是	是	是	是
Area	是	是	是	是
N	124619	122184	125588	118494
R^2	0.6466	0.6478	0.0144	0.0138

注：括号内数值为企业层面聚类稳健标准误；*、**、*** 分别表示在10%、5%和1%的置信水平上显著。

由列（1）~列（2）可知，无论是政府对地区环保投资还是对企业绿色补贴，均对企业成本存在抑制作用，且前者带来的抑制效果更强。这一结果说明政府积极参与到环境规制中来，促进其绿色投入的增加有助于降低企业成本。那么，政府绿色投入的增加对企业成本的"抵补"是否会造成企业安于现状而怠于创新呢？通过表8-8中列（3）~列（4）可以看到，对企业研发创新而言，政府对地区和企业绿色投入的增加可以对其产生积极的推动效果，且结果均通过了5%的显著性水平检验，因此可以认为这一担忧并不存在，政府绿色投入的增加有助于推动企业创新行为的发生。综上可知，政府绿色投入的增多能够对企业成本进行有效"抵补",从而促使企业更多的资金流入研发创新领域,进而加速技术创新"补偿效应"的实现从而推动企业 DVAR 提升。

8.5.2　社会效应

政府绿色投入的增加所带来的社会效应同样也值得关注,本书在此通过其对地区非国有经济发展影响以及吸引企业流入两个角度切入展开探讨,其中针对吸引企业流入主要从地区企业净流入量和地区企业总量增长率两方面进行分析,具体结果如表 8 - 9 所示。可以看到,政府绿色投入对非国有经济发展呈现促进作用,特别是政府对地区环保投资的重视带来的影响效果更好,具体地,政府对地区环保投资增加一个单位,非国有经济发展得分会增加 0.1278 个单位,且该结果通过了 1% 的显著性水平检验。而针对地区企业流入而言,政府绿色投入的增加对地区企业净流入量存在积极的促进作用,这一积极影响在促进企业总数增长率上也得到了印证,就地区企业总数增长率而言,政府对地区环保投资的增加带来的促进影响更为显著。

表 8 - 9　　　　　　　政府绿色投入带来的社会效应分析

变量	nonstate (1)	nonstate (2)	inflowfirm (3)	inflowfirm (4)	firmrate (5)	firmrate (6)
protectinput	0.1278 *** (0.0037)		0.1971 *** (0.0074)		3.8988 *** (0.1040)	
subsidyrate		0.0599 (0.0414)		0.1413 * (0.0842)		1.9432 (2.3259)
age	-0.0519 *** (0.0075)	-0.0529 *** (0.0079)	-0.0733 *** (0.0148)	-0.0486 *** (0.0147)	-2.1801 *** (0.2244)	-2.1022 *** (0.2289)
fund	0.0083 *** (0.0030)	0.0196 *** (0.0032)	-0.4464 *** (0.0074)	-0.3648 *** (0.0076)	2.7790 *** (0.1082)	2.6878 *** (0.1117)
labor	-0.0078 * (0.0042)	-0.0112 ** (0.0044)	-0.1707 *** (0.0104)	-0.1546 *** (0.0104)	1.8977 *** (0.1502)	1.7552 *** (0.1554)

续表

变量	nonstate (1)	nonstate (2)	inflowfirm (3)	inflowfirm (4)	firmrate (5)	firmrate (6)
HHI	0.0507 (0.0721)	0.0459 (0.0722)	-0.1297 (0.2137)	-0.0581 (0.2137)	-3.2746 (3.3901)	-2.5838 (3.3822)
TFP	0.1134 *** (0.0040)	0.1187 *** (0.0045)	0.4419 *** (0.0102)	0.3682 *** (0.0108)	0.6272 *** (0.1438)	0.7254 *** (0.1552)
_cons	4.3197 *** (0.5263)	4.2606 *** (0.5086)	-0.3107 * (0.1612)	-0.4744 *** (0.1841)	-14.5751 ** (6.0318)	-13.3563 ** (5.2644)
Time	是	是	是	是	是	是
Firm	是	是	是	是	是	是
Area	是	是	是	是	是	是
N	305852	289952	305852	289952	295303	279644
R^2	0.8853	0.8838	0.6960	0.6957	0.4370	0.4292

注：括号内数值为企业层面聚类稳健标准误；*、**、*** 分别表示在 10%、5% 和 1% 的置信水平上显著。

对非国有经济而言，其高度参与了市场经济的竞争，对市场的适应性和反应性均较其他类型企业更为敏感，且市场竞争力较强。其在金融信贷倾斜和政策支持等方面相较于国有经济而言优势较小，因此，政府绿色投入的增加对这类企业成本的"补贴"有着重要影响，将非国有经济企业的研发支出从受到治污投资的"挤占"中释放了出来，为这类企业加速技术创新和绿色转型发展提供了良好基础，因此，政府绿色投入的增加有利于促进地区非国有经济发展。此外，政府绿色投入的增加对企业而言是对其成本的一种间接"补贴"，因此，政府绿色投入幅度越大，该地区对企业流入的吸引力就越强，在这一背景下有利于促进企业净流入量的增多和企业总数增长率的提高。因此，政府绿色投入的增加对于促进非国有经济发展和地区企业流入有积极的促进作用，产生了积极的社会效应。

8.6 本 章 小 结

本章从政府层面出发，通过构建门限模型对环境规制、政府绿色投入与企业出口国内附加值率关系进行了经验检验，并在此基础上考察了不同环境规制程度对政府绿色投入的影响。同时，针对上述结果对不同发展程度和环境类型企业展开了异质性分析，以期明确不同类别企业对政府绿色投入反映的差异性。此外，本章最后考察了政府绿色投入带来的成本效应和社会效应，试图对政府绿色投入带来的积极影响进行更进一步的深入剖析。本章之所以以政府绿色投入作为研究对象，是由于环境规制对企业成本带来的冲击和中国制造业高质量发展间存在"悖论"，企业成本的变动是这一矛盾问题的关键，如何更好地解决成本问题是平衡环境保护和贸易高质量发展的重点。政府绿色投入的增加意味着政府积极参与到了环境规制过程中，政府的参与为企业治污分担了治理成本，这极大地有利于抑制企业治污成本对研发投资的"挤占"，因此，政府的绿色投入行为是否确实能够对企业生产带来有利影响并产生相应的积极效果值得深入探究。基于此，本章以政府对地区环保投资和对企业绿色补贴作为研究对象展开相关分析。具体结论如下所述。

第一，环境规制对政府绿色投入的增加有积极的促进作用，特别是政府对地区环保投资额增加的效果更好。从不同环境规制程度来看，随着环境规制程度的提升，其对政府绿色投入的影响也越来越积极。进一步地，从政府对地区的绿色投入来看，随着政府对地区环保投资的增加，环境规制与企业出口国内附加值率的跃升总体存在积极关系，就提升幅度而言呈现出先上升，在跨过门槛值后略有下降的趋势。从政府对企业绿色投入来看，随着政府对企业绿色补贴的增加，环境规制对企业出口国内附加值率的提高同样存在显著的积极影响，且随着政府对企业绿色补贴的进一步增多，企业出口国内附加值率的提升幅度会加大，即呈现先上升，在跨过门槛值后上升幅度加大的趋势。因此，可以认为环境规制对企业出口国内附加值率的提升影响是通过政府对地区和对企业绿色投入增加实现的，反映出政府绿色投入增加的重要作用。

第二，从不同发展程度和环境类别企业来看，相比于低附加值类别企业而言，环境规制更倾向于推动政府绿色投入流入高附加值型企业或其聚集地区，包括高附加值且低污染企业和高附加值且高污染企业。高附加值型企业符合中国制造业向高端化迈进方向，因此这类企业会受到政府绿色支出的更多关注。但由于这类企业的发展对技术要求较高，在推动这类企业向绿色发展转变时资金和技术阻力会相对较大，因此政府对高附加值型企业，特别是高附加值且高污染企业的关注应进一步加大。同时也应注意到，推动中国制造业向高端化迈进需要制造业企业整体向高创新度、高附加值方向转型发展，因此，政府对低附加值型企业的绿色投资也应予以重视，以期为这类企业产品技术复杂度的提高提供外部资金支持。

第三，针对政府绿色投入带来的外部效应影响，从成本效应来看，政府绿色投入对企业成本的变动存在显著的抑制影响，即政府绿色投入有助于"抵补"环境规制对企业成本的冲击。也正因如此，政府绿色投入的增加对企业研发投资有着积极的促进作用，在收到对成本的绿色"补偿"后，企业并没有怠于现状，而是进行研发创新活动，可以认为政府绿色投入替换了本应受到"挤占"的研发投资，加速推进了企业创新行为。从社会效应来看，政府绿色投入对地区非国有经济发展有积极的促进作用，同时，对地区企业净流入量和企业总数增长率均有积极的提升效果，这有利于吸引更多企业进入本地区进而带动地区市场活力和竞争力的提升。

第9章 主要结论与政策建议

9.1 主 要 结 论

随着中国在世界贸易中参与度的加深，中国出口规模稳步扩大，但与之相对的是国内环境质量却在不断下降，政府有追求地区经济增长的目标而企业有追求更多利润的动机，环境质量的下降所换取的经济增长和利润增加又刺激着政府和企业再次以此方式获取经济效益，即通过加大资源的投入来推动出口贸易规模的扩张，这反过来又进一步恶化了地区环境质量。同时，仅依靠资源投入的扩大来推动出口规模的扩张会导致本国贸易增加值含量处于低位，在这一背景下，上述非良性发展的困局最终会使地区出现环境质量和经济发展的严重失衡，以及本国在全球价值链上被"低端锁定"的可能。为了破除这一困境，推进环境治理进程并鼓励制造业企业变革生产方式从而实现整个地区发展方式转型，对推动中国由"制造"向"创造"、"速度"向"质量"等的转变并最终实现中国制造业高端化发展具有积极的现实意义。由于市场发展的缺陷，政府进行环境规制就显得十分必要，基于此，本书以行政命令型环境规制为分析工具，基于对环境高质量和贸易高质量发展关系的理论分析，详细考察了环境规制与企业出口国内附加值率总体关系的发展变化。进一步地，从微观企业的决策反馈、中观市场结构的变动和宏观政府经济手段的引导三个维度出发，对上述结果的内部作用过程进行了较为全面的影响机制分析。本书为探索环境高质量发展和贸易高质量发展平衡关系实现的可靠路径以及多样化的贸易高质量发展实现途径提供了翔实的理论支撑和经验参考。本书研究具体结论如下所述。

（1）政府实施环境规制有助于推动企业出口国内附加值率的提升，且这一结果对低附加值型企业的促进效果更显著。由于高附加值产品生产是制造业发展的新方向，因此这也从侧面反映出环境规制对高附加值企业的冲击更大，在治理过程中需要给予更多关注。而随着环境规制的推行，企业会不断调整生产行为，因此随着规制程度的加深，其对企业出口国内附加值率的提升效果也就越好。此外，环境规制对东部地区企业、劳动密集型企业以及外资企业的积极影响效果更优，这也说明了环境规制对企业出口的影响因发展条件不同会产生差异性，对比之下，其对中西部地区、资本密集型和技术密集型企业以及国有和民营企业影响效果的提升需要更多关注。最后，由于企业行为具有连续性特征，当期企业行为对前期行为会存在一定的"路径依赖"，因此在将企业前期出口国内附加值率水平纳入研究后，发现环境规制对出口真实贸易利得的积极促进结果依然成立，这说明企业变革方向的重要性，旨在向创新型高质量发展变革的企业会出现良性循环的发展情形。企业发展离不开外部环境的支撑，通过分析发现地区经济集聚和政府—市场关系的良好处理会对环境规制带来的企业出口国内附加值率的提升具有积极的外部性影响，说明了政策实施需要有利的经济环境支撑和完善的制度等外部条件的紧密配合。

（2）环境规制主要通过对企业技术创新动能的激发，特别是对依赖型技术创新动能的激发实现对企业出口国内附加值率提升的目标。环境规制下，企业会选择技术创新路径来满足环保考核要求，而面对研发投入量大、研发结果不稳定等情况，企业更倾向于通过直接购置已有的成熟设备即依赖型技术创新来实现技术变革。此外，由于高附加值型企业更多的是依托技术进行发展，因此环境规制作为外部手段进行环保刺激，对高附加值型企业创新投入推动效果更显著，但对低附加值型企业创新产出的推动效果更好。企业成本始终是制约其发展的关键因素，尤其是在环境规制冲击下，通过研究发现企业自主型创新和依赖型创新结果均能够对企业成本进行"补偿"，但后者补偿幅度更大，这也是企业在环境规制下会选择通过依赖型技术创新实现变革并推动出口国内附加值率提升的关键所在。

（3）环境规制还通过促进国内中间品市场规模的扩大，特别是技术类国内中间品市场的扩张来实现企业出口国内附加值率的提升。针对不同发展程度企业来说，环境规制对低附加值型企业对应的国内中间品市场扩张影响更积极；针对不同技术发展类型来说，对技术类国内中间品市场扩张的影响效果更好。综上可以认为，环境规制对技术类低附加值企业对应的国内中间品市场扩张影响效果更显著。此外，从国内和国际市场变动看，环境规制有效地推动了中间品市场规模的扩大，且这一结果是通过对国内中间品市场规模扩大而实现的。环境规制也有助于推动企业出口规模的扩张和国际市场嵌入度的加深。从二者作用关系看，国内市场的扩张促进了企业出口质和量的提升，这反过来又有助于推动国内中间品市场的发展，二者互动关系的实现推动了国内国际市场可持续性的联动和"双循环"的发生。

（4）环境规制通过政府对地区和企业绿色投入的增加实现了企业出口国内附加值率的跃升，其中，随着政府对企业绿色补贴的增加，环境规制产生的积极影响在企业出口国内附加值率增加上表现效果更好。此外，环境规制对政府绿色投入流入高附加值型企业及其聚集地区的影响更为积极。具体地，环境规制有利于促进政府对高附加值型企业绿色补贴的增加，同时也有助于推动高附加值型企业聚集地区政府的环保投资提升。进一步地，之所以要重视政府绿色投入是由于其带来的积极外部效应影响，从对成本影响看，政府绿色投入的增加有助于降低企业成本，避免了治污支出对研发支出的"挤出"从而推动了企业研发支出的增加。从社会影响看，政府绿色投入有助于促进地区非国有经济发展和地区企业总流入量的提升，提高了地区市场活力和竞争优势。

9.2 政 策 建 议

本书针对政府环境规制的实施和制造业企业出口国内附加值率的关系展开了一系列翔实的分析和讨论，对于二者关系的探讨和深入研究有助于为中国当前推进环境高质量发展和贸易高质量发展搭建研究二者关系的相关理论和经验桥梁，同时也为中国环境高质量发展带来的经济影响，特别是从贸易高质量发展角度做了相关的研究补充，以期为中国持续性环境规制的完善和推动制造业高端化发展提供针对性的政策建议。通过本书研究发现，环境规制在实施过程中对不同区域、不同要素密集度企业、不同性质企业以及不同发展程度和环境类型企业的影响等存在较大差别，同时环境规制通过企业技术创新、市场结构调整和政府绿色投入增加三种渠道对企业出口国内附加值率的提升产生积极作用，但不同视角下的研究结果也呈现出了一定的内部差异。基于上述情况，本书认为有必要针对具体结果提出详细的、针对性的建议。具体如下所述。

（1）在加快生态文明建设和绿色发展大背景下，政府要坚持并深入推进环境规制，并动态深化环境规制程度，对高附加值类型企业排污标准的制定应给予灵活调整的空间。在实施过程中，经济相对欠发达的中西部地区更多的是依靠牺牲环境换取发展，因此对这一类地区而言发展方式的调整需要较长时间，在调整过程中需要持续推进环境规制，同时配合财政、金融和政策倾斜等手段辅助地区企业转型。对技术密集型企业以及国有企业等需要加大外部政策的支持以帮助其跨过治理带来的负向冲击阶段。环境规制实施效果会受到外部其他环境发展的间接影响，因此，政府需要加快完善地区基础设施和推进制度环境建设等以促进经济集聚的发生，这有助于降低企业交易成本进而间接减弱环境规制带来的成本压力。同时处理好政府和市场关系有利于规范地区经济发展秩序，提高市场竞争力和活力，从而为企业革新和发展方式的顺利转变提供良好的外部支撑。

（2）环境规制下企业转型发展可以率先通过依赖型技术创新进行推进，但同时应提高对自主型技术创新的重视，加大自主研发投入进而推动创新补偿效应的提早实现。面对环境排污约束，企业可以通过依赖型技术创新进行变革。对高附加值型企业而言，应加大创新投入力度，这需要企业拓宽融资渠道和政府财政支持，以加速推动这类企业创新产出红利的释放。企业创新产出的积极实现是对创新投入"抵补"的关键，也是推动创新活动可持续性的重要一环，加速对企业创新产出的推动，包括从研发投入的经济补贴和信贷支援到后期的产品流通平台和渠道的搭建，有助于加速企业创新"补偿效应"拐点的到来。最后，企业要充分发挥技术创新在环境规制和出口国内附加值率提升这一积极关系中的作用，处理好企业总成本增加对生产的冲击影响，通过依赖型技术创新和自主型技术创新共同配合推进，争取企业变革过渡时间以推动其技术创新的实现，特别是自主型技术创新的实现。

（3）国内中间品市场潜力的激发和扩大应得到进一步重视，政府应通过完善新型数字基础设施等促进数据和信息的快速流通和高效利用，从而降低国内市场发展壁垒，实现资源的优化配置和国内市场活力的提升。重视技术类国内中间品市场发展，需要政府加大对高附加值型企业中间品创新的支持力度，特别是技术类中间品创新的实现，应加大财政支持和金融信贷倾斜力度，促进高附加值型企业对应中间品市场的进一步发展。对企业而言，企业应加大对产品的技术研发投入力度，提高生产率水平从而促进产品质量和数量的提升，加速推进对进口中间品的替代。扩大国内中间品市场离不开政府引导和企业深度参与，因此政府和企业应分别加大对国内中间品发展的政策倾斜和投入资金的力度，释放国内中间品市场潜力。最后，在拓展国内市场发展潜力的同时，企业也应重视国际市场的发展。对于国际市场发展风险的变动，相关涉外机构应及时对地区出口企业进行预警提醒。同时，政府应积极搭建诸如进口贸易博览会等中介平台，为企业涉外活动创造更多交流、互动机会，为其深度参与国际市场创造有利的外部条件，从而为形成国内国际市场"双循环"提供有力支撑。

（4）充分发挥政府在环境规制中的引导作用，提高政府对地区和企业的绿色支出水平，即增加其对地区的环保投资以及对企业的绿色补贴。政府绿色支出可以分担环境规制导致的企业成本上升压力，从而对解决环境规制与贸易高质量发展矛盾有积极助益。相比于对地区的绿色投入，政府对企业的绿色补贴等更需要得到重视。这是从污染源头进行的治理活动，有助于从根本上改变企业发展方式，从而调整区域发展模式，实现区域绿色发展。此外，政府应进一步加大对高附加值型企业及其聚集地区的绿色投入程度，结合前面结论可知环境规制下高附加值型企业创新产出效果并不理想，因此提高对这类企业的关注有助于促进其创新产出提早实现，进而引领中国制造业高端化发展。政府通过对地区和企业的绿色投入参与到地区环境治理中来，对地区而言加速了其环境质量的改善，对企业来说减轻了成本增加的压力从而推动了生产方式的变革。因此，重视政府在环境规制中的角色并充分发挥其作用，特别是发挥其经济手段的作用对于探索平衡环境规制和贸易高质量发展关系的多样化途径提供了政府视角参考和经验借鉴。

9.3　研究不足和展望

由于中国长期依靠初始资源投入来驱动外向型贸易的发展，这使得中国出口贸易和环境质量长期处于零和博弈状态，即随着出口贸易规模的扩大，中国环境污染程度不断加深，这种通过牺牲环境质量换取经济发展的方式不仅加大了中国环境承载力压力，同时也导致中国在全球价值链上面临被"低端锁定"的可能。党的十八大以来，生态文明建设被纳入"五位一体"总体布局发展中，党的十九大又在此基础上进一步对生态文明建设、绿色发展路径等指明了发展路线，可以看出在中国特色社会主义新时代下，党和政府将对环境规制的重视提高到了新的高度。习近平总书记强调"绿水青山就是金山银山"，反映出中国对环境高质量发展和贸易高质量发展平衡关系的重视。在这一背景下，本书以行政命令型环境规制为研究工具，以制造业出口企业为研究对象，针对环境规制与企业出口国内附加值率变动关系展开理论分析和实证讨论，并在此基础上通过企业、市场以及政府三个维度构建多种计量模型，对影响二者关系的传导机制进行了深入挖掘。虽然本书针对研究主题做了大量理论和实证分析，但纵观整体研究仍存在着不足之处，具体如下所述。

首先，社会环境规制的推进往往是采用行政命令型、市场激励型及公众参与型治理方式共同实施，虽然本书基于政府对环境高度重视这一大背景下重点使用行政命令型规制工具展开研究，但不可忽略的是不同治理工具叠加后实施的影响与单独工具实施视角下的考察有所区别，这还是会影响到最终结果评估。其次，受到中国工业企业数据库和中国海关贸易数据库企业数据时间公布的限制，目前企业层面的数据更新到2013年，在借鉴了使用出口企业数据的大量学者的研究后，本书也将研究时间推进到了2013年。虽然本书研究在时间跨度和样本量上进行了拓展以提高研究结果的稳定性和科学性，但数据获取时间的更新依然是限制更长期视角讨论的关键。最后，关于环境规制变量的选取，受限于相关数据的公布，本书最终用省级层面环境数据展开分析，而不同维度下的数据对信息量的呈现也会出现一定差异，因此，本书对更为微观的地级市层面环境数据的忽略会使得部分环境信息被隐藏，这会对地区环境规制的异质性结果产生一定冲击。

基于上述对本书研究不足的分析，今后重点将从以下三个方面进行拓展和完善。第一，可以试图考察叠加实施的环境规制工具对企业出口真实贸易利得的影响，以更多方式切入来评估环境规制对企业出口国内附加值率的作用效果。第二，进一步地，会紧密关注中国工业企业数据库和中国海关贸易数据库数据更新进度，未来可以结合更新后的数据将分析时间进行推进，从更长远的动态视角延展对这一主题的研究。第三，可以试图从相对更微观的地级市角度出发，对地级市环境规制实施带来的企业出口真实贸易利得影响进行更为细致的分析，提炼更微观的地级市环境规制数据信息有利于把握更多地区环境发展现状，提高研究的科学度。上述潜在的研究方向是本书研究未来可以进一步完善的重要补充。

参 考 文 献

[1] 安海彦，姚慧琴. 环境规制强度对区域经济竞争力的影响——基于西部省级面板数据的实证分析 [J]. 管理学刊，2020 (3).

[2] 安孟，张诚，朱冠平. 环境规制强度提升了中国经济增长质量吗 [J]. 统计与信息论坛，2021 (7).

[3] 白东北，王珏，高强. 创业活动是否提高企业出口国内附加值率 [J]. 国际经贸探索，2019 (7).

[4] 白东北，张营营. 产业协同集聚与制造业企业出口国内附加值率 [J]. 财贸研究，2020 (4).

[5] 白雪洁，曾津. 空气污染、环境规制与工业发展——来自二氧化硫排放的证据 [J]. 软科学，2019 (3).

[6] 薄文广，徐玮，王军锋. 地方政府竞争与环境规制异质性：逐底竞争还是逐顶竞争？[J]. 中国软科学，2018 (11).

[7] 蔡承彬. 政府补贴对企业出口国内附加值的影响研究 [J]. 宏观经济研究，2018 (7).

[8] 蔡乌赶，李青青. 环境规制对企业生态技术创新的双重影响研究 [J]. 科研管理，2019 (40).

[9] 蔡乌赶，许凤茹. 中国制造业产业链现代化水平的测度 [J]. 统计与决策，2021 (21).

[10] 曹平，肖生鹏，林常青. 产品关联密度与企业出口产品质量升级 [J]. 中南财经政法大学学报，2021 (6).

[11] 曹玉平. 异质技术创新对中国加工贸易升级的差异影响——理论机制与实证检验 [J]. 北京理工大学学报（社会科学版），2021 (5).

[12] 常曦，郑佳纯，李凤娇．地方产业政策、企业生命周期与技术创新——异质性特征、机制检验与政府激励结构差异 [J]．产经评论，2020（6）．

[13] 陈继勇，王保双，蒋艳萍．企业异质性、出口国内附加值与企业工资水平——来自中国的经验证据 [J]．国际贸易问题，2016（8）．

[14] 陈金丹，王晶晶．产业数字化、本土市场规模与技术创新 [J]．现代经济探讨，2021（4）．

[15] 陈平，罗艳．环境规制促进了我国碳排放公平性吗？——基于环境规制工具分类视角 [J]．云南财经大学学报，2019（11）．

[16] 陈陶然，谭之博．金融市场特征、行业特性与出口国内附加值 [J]．世界经济研究，2018（9）．

[17] 陈晓艳，肖华，张国清．环境处罚促进企业环境治理了吗？——基于过程和结果双重维度的分析 [J]．经济管理，2021（6）．

[18] 陈艳莹，张润宇，李鹏升．环境规制的双赢效应真的存在吗？——来自中国工业污染源重点调查企业的证据 [J]．当代经济科学，2020（6）．

[19] 陈宇科，刘蓝天，董景荣．环境规制工具、区域差异与企业绿色技术创新——基于系统 GMM 和动态门槛的中国省级数据分析 [J]．科研管理，2021．

[20] 陈媛媛．市场分割下的地区市场规模对工业部门出口的影响研究——只是简单的线性关系么？[J]．世界经济研究，2012（4）．

[21] 程文先，樊秀峰．全球价值链分工下制造企业出口附加值测算——来自中国微观企业层面数据 [J]．中国经济问题，2017（4）．

[22] 成艳萍，陈海英．中国产业结构与外贸结构的关系研究——基于出口国内附加值视角的实证检验 [J]．山东财经大学学报，2018（5）．

[23] 崔广慧，姜英兵．政府环保处罚影响企业劳动力需求吗？——基于制造业上市公司的经验证据 [J]．中国人口·资源与环境，2021（11）．

[24] 崔晓敏，余淼杰，袁东．最低工资和出口的国内附加值：来自中国企业的证据 [J]．世界经济，2018（12）．

[25] 戴美虹，李丽娟．民营经济破局"出口低端锁定"：互联网的作用 [J]．世界经济研究，2020 (3)．

[26] 戴小勇，成力为．产业政策如何更有效：中国制造业生产率与加成率的证据 [J]．世界经济，2019 (3)．

[27] 戴翔，宋婕．我国外贸转向高质量发展的内涵、路径及方略 [J]．宏观质量研究，2018 (3)．

[28] 邓国营，宋跃刚，吴耀国．中间品进口、制度环境与出口产品质量升级 [J]．南方经济，2018 (8)．

[29] 董景荣，张文卿，陈宇科．环境规制工具、政府支持对绿色技术创新的影响研究 [J]．产业经济研究，2021 (3)．

[30] 董敏杰，梁泳梅，李钢．环境规制对中国出口竞争力的影响——基于投入产出表的分析 [J]．中国工业经济，2011 (3)．

[31] 杜威剑．环境规制、企业异质性与国有企业过剩产能治理 [J]．产业经济研究，2018 (6)．

[32] 杜运苏，彭冬冬，陈启斐．服务业开放对企业出口国内价值链的影响——基于附加值率和长度视角 [J]．国际贸易问题，2021 (9)．

[33] 樊纲，王小鲁，朱恒鹏．中国市场化指数：各地区市场化相对进程报告 [M]．北京：经济科学出版社，2011．

[34] 范红忠，侯盖，刘洋．地方自发环境规制政策的企业出口质量效应——基于"河长制"政策的研究 [J]．产经评论，2021 (5)．

[35] 樊秀峰，程文先．中国制造业出口附加值估算与影响机制分析 [J]．中国工业经济，2015 (6)．

[36] 符大海，鲁成浩．服务业开放促进贸易方式转型——企业层面的理论和中国经验 [J]．中国工业经济，2021 (7)．

[37] 傅京燕，赵春梅．环境规制会影响污染密集型行业出口贸易吗？——基于中国面板数据和贸易引力模型的分析 [J]．经济学家，2014 (2)．

[38] 高翔，刘啟仁，黄建忠．要素市场扭曲与中国企业出口国内附加值率：事实与机制 [J]．世界经济，2018 (10)．

[39] 高运胜, 杨阳. 全球价值链重构背景下我国制造业高质量发展目标与路径研究 [J]. 经济学家, 2020 (10).

[40] 葛顺奇, 李川川, 林乐. 外资退出与中国价值链关联: 基于外资来源地的研究 [J]. 世界经济, 2021 (8).

[41] 耿伟, 杨晓亮. 最低工资与企业出口国内附加值率 [J]. 南开经济研究, 2019 (4).

[42] 耿晔强, 史瑞祯. 进口中间品质量与企业出口绩效 [J]. 经济评论, 2018 (5).

[43] 龚静, 盛毅, 袁鹏. 制造业服务化与企业出口国内附加值率——基于制造企业微观数据的实证分析 [J]. 山西财经大学学报, 2019 (8).

[44] 顾和军, 严蔚然. 空气污染治理对企业全要素生产率的影响——基于《环境空气质量标准 (2012)》的准自然实验 [J]. 中国人口·资源与环境, 2021 (11).

[45] 郭进. 环境规制对绿色技术创新的影响——"波特效应"的中国证据 [J]. 财贸经济, 2019 (3).

[46] 郭沛, 孙莉莉. 服务业投入与出口产品国内附加值: 基于中国货物分行业数据的实证研究 [J]. 东北师大学报 (哲学社会科学版), 2015 (4).

[47] 韩超, 王震, 田蕾. 环境规制驱动减排的机制: 污染处理行为与资源再配置效应 [J]. 世界经济, 2021 (8).

[48] 韩峰, 庄宗武, 李丹. 国内大市场优势推动了中国制造业出口价值攀升吗? [J]. 财经研究, 2020 (10).

[49] 韩楠, 黄娅萍. 环境规制、公司治理结构与重污染企业绿色发展——基于京津冀重污染企业面板数据的实证分析 [J]. 生态经济, 2020 (11).

[50] 何凌云, 黎姿, 梁宵, 祝婧然. 政府补贴、税收优惠还是低利率贷款? ——产业政策对环保产业绿色技术创新的作用比较 [J]. 中国地质大学学报 (社会科学版), 2020 (20).

［51］何兴邦．异质型环境规制与中国经济增长质量——行政命令与市场手段孰优孰劣？［J］．商业研究，2020（9）．

［52］洪静，陈飞翔，吕冰．CAFTA框架下中国参与全球价值链的演变趋势——基于出口国内附加值的分析［J］．国际贸易问题，2017（6）．

［53］胡国恒，岳巧钰．政府补贴、产品转换与出口质量［J］．国际商务（对外经济贸易大学学报），2021（3）．

［54］胡浩然，李坤望．企业出口国内附加值的政策效应：来自加工贸易的证据［J］．世界经济，2019（7）．

［55］胡美娟，李在军，宋伟轩．中国城市环境规制对PM_（2.5）污染的影响效应［J］．长江流域资源与环境，2021（9）．

［56］胡敏．顶层设计将推进新一轮国企改革［J］．改革，2014（5）．

［57］胡小娟，陈欣．技术创新模式对中国制造业出口贸易影响的实证研究［J］．国际经贸探索，2017（1）．

［58］胡元林，陈怡秀．环境规制对企业行为的影响［J］．经济纵横，2014（7）．

［59］黄清煌，高明，吴玉．环境规制工具对中国经济增长的影响——基于环境分权的门槛效应分析［J］．北京理工大学学报（社会科学版），2017（3）．

［60］黄毅敏，齐二石．工业工程视角下中国制造业发展困境与路径［J］．科学学与科学技术管理，2015（4）．

［61］姬新龙，杨钊．碳排放权交易是否"加速"降低了碳排放量和碳强度？［J］．商业研究，2021（2）．

［62］纪月清，程圆圆，张兵兵．进口中间品、技术溢出与企业出口产品创新［J］．产业经济研究，2018（5）．

［63］姜帅帅，刘天一．贸易政策不确定性与中国企业的出口市场偏好——基于中国—东盟自贸区的检验［J］．商业研究，2021（5）．

［64］蒋艳萍，王保双．中国出口国内附加值与企业工资增长——来自"一带一路"的证据［J］．科学决策，2021（9）．

［65］姜悦，黄繁华．服务业开放提高了我国出口国内附加值吗——

理论与经验证据 [J]. 财贸研究, 2018 (5): 74-81.

[66] 金洪飞, 陈秋羽. 产学研合作与价值链低端困境破解——基于制造业企业出口国内附加值率的视角 [J]. 财经研究, 2021 (11).

[67] 鞠可一, 周得瑾, 吴君民. 环境规制可以"双赢"吗?——中国工业行业细分视角下的强"波特假说"研究 [J]. 北京理工大学学报 (社会科学版), 2020 (1).

[68] 康志勇, 汤学良, 刘馨. 环境规制、企业创新与中国企业出口研究——基于"波特假说"的再检验 [J]. 国际贸易问题, 2020 (2).

[69] 李斌, 彭星. 环境规制工具的空间异质效应研究——基于政府职能转变视角的空间计量分析 [J]. 产业经济研究, 2013 (6).

[70] 李光勤, 郭畅, 薛青. 中国环境分权对出口贸易的影响——基于地方政府竞争和环境规制的调节效应 [J]. 环境经济研究, 2020 (4).

[71] 李国平, 张文彬. 地方政府环境规制及其波动机理研究——基于最优契约设计视角 [J]. 中国人口·资源与环境, 2014 (10).

[72] 李国祥, 张伟. 环境分权之于外商直接投资区位选择的影响 [J]. 现代财经 (天津财经大学学报), 2019 (8).

[73] 李菁, 李小平, 郝良峰. 技术创新约束下双重环境规制对碳排放强度的影响 [J]. 中国人口·资源与环境, 2021 (9).

[74] 李玲, 陶锋. 中国制造业最优环境规制强度的选择——基于绿色全要素生产率的视角 [J]. 中国工业经济, 2012 (5).

[75] 李楠, 史贝贝, 白东北. 长江经济带经济集聚与制造业出口国内附加值率提升 [J]. 当代财经, 2021 (6).

[76] 李楠, 史贝贝, 白东北. 环境治理、政府绿色投入与贸易高质量增长——基于制造业出口国内附加值率视角 [J]. 现代财经 (天津财经大学学报), 2021 (7).

[77] 李强. 技术创新溢出、外部经济环境与出口贸易高质量发展 [J]. 统计与决策, 2021 (20).

[78] 李瑞前, 张劲松. 不同类型环境规制对地方环境治理的异质性影响 [J]. 商业研究, 2020 (7).

[79] 李胜旗，毛其淋．制造业上游垄断与企业出口国内附加值——来自中国的经验证据 [J]．中国工业经济，2017（3）.

[80] 李树，翁卫国．我国地方环境管制与全要素生产率增长——基于地方立法和行政规章实际效率的实证分析 [J]．财经研究，2014（2）.

[81] 李晓西，王佳宁．绿色产业：怎样发展，如何界定政府角色 [J]．改革，2018（2）.

[82] 李泽众．环境规制对中国城镇化质量的影响研究 [D]．上海：上海社会科学院，2021.

[83] 李真，陈天明，李茂林，翟晓颖．中国真实贸易利益的再评估——基于出口隐含环境成本的研究 [J]．财经研究，2020（6）.

[84] 李真，李茂林，陈天明．中国制造业的中间品依赖与出口贸易——基于中美贸易摩擦历史背景的分析 [J]．财经科学，2021（6）.

[85] 李治国，王杰．中国碳排放权交易的空间减排效应：准自然实验与政策溢出 [J]．中国人口·资源与环境，2021（1）.

[86] 廖书洁．中国出口的贸易利益研究 [D]．天津：天津财经大学，2017.

[87] 刘亮．长期成本—收益视角下的环境规制与企业绩效 [J]．求索，2018（4）.

[88] 刘满凤，朱文燕．不同环境规制工具触发"波特效应"的异质性分析——基于地方政府竞争视角 [J]．生态经济，2020（11）.

[89] 刘啟仁，铁瑛．企业雇佣结构、中间投入与出口产品质量变动之谜 [J]．管理世界，2020（3）.

[90] 刘帅，杨丹辉，金殿臣．环境规制对产能利用率的影响——基于技术创新中介调节效应的分析 [J]．改革，2021（8）.

[91] 刘彤彤，汪丽娟，吴福象．技术周期内的设备投资与经济高质量发展 [J]．商业研究，2020（6）.

[92] 刘信恒．对外直接投资促进了出口国内附加值率提升吗 [J]．国际商务（对外经济贸易大学学报），2020（2）.

[93] 刘信恒．产业集聚、地区制度环境与成本加成率 [J]．中南财

经政法大学学报，2021（6）.

[94] 刘玉海，廖赛男，张丽. 税收激励与企业出口国内附加值率 [J]. 中国工业经济，2020（9）.

[95] 卢小兰，喻静琼. 中国出口国内附加值率的实证分析——基于非竞争型投入产出表的测算 [J]. 价格月刊，2017（11）.

[96] 吕冰，陈飞翔. CAFTA、贸易持续时间与企业出口国内附加值率 [J]. 国际贸易问题，2020（2）.

[97] 吕冰，陈飞翔. CAFTA 对中国企业出口国内附加值率的影响 [J]. 财贸经济，2021（6）.

[98] 吕鹏，黄送钦. 环境规制压力会促进企业转型升级吗 [J]. 南开管理评论，2021（4）.

[99] 吕越，盛斌，吕云龙. 中国的市场分割会导致企业出口国内附加值率下降吗 [J]. 中国工业经济，2018（5）.

[100] 吕越，尉亚宁. 全球价值链下的企业贸易网络和出口国内附加值 [J]. 世界经济，2020（12）.

[101] 吕云龙，吕越. 上游垄断会阻碍"中国制造"的价值链跃升吗？——基于价值链关联的视角 [J]. 经济科学，2018（6）.

[102] 马林静. 基于高质量发展标准的外贸增长质量评价体系的构建与测度 [J]. 经济问题探索，2020（8）.

[103] 马苏孟. 融资约束对中国工业企业出口国内附加值率的影响 [D]. 武汉：中南财经政法大学，2020.

[104] 马勇，童昀，任洁，刘军. 公众参与型环境规制的时空格局及驱动因子研究——以长江经济带为例 [J]. 地理科学，2018（11）.

[105] 马中东，宁朝山. 环境规制与企业低碳竞争力分析 [J]. 统计与决策，2010（18）.

[106] 毛其淋. 人力资本推动中国加工贸易升级了吗？[J]. 经济研究，2019（1）.

[107] 毛其淋，许家云. 外资进入如何影响了本土企业出口国内附加值？[J]. 经济学（季刊），2018（4）.

[108] 毛其淋，赵柯雨．重点产业政策如何影响了企业出口——来自中国制造业的微观证据 [J]．财贸经济，2021 (11)．

[109] 曲丽娜，刘钧霆．贸易政策不确定性是否影响了出口？——基于中国高技术企业微观数据的研究 [J]．产业经济研究，2021 (5)．

[110] 屈小娥．异质型环境规制影响雾霾污染的双重效应 [J]．当代经济科学，2018 (6)．

[111] 让—皮埃尔·戈丹．现代的治理，昨天和今天：借重法国政府政策得以明确的几点认识 [M] //俞可平主编．治理与善治．北京：社会科学文献出版社，2000．

[112] 任力，黄崇杰．国内外环境规制对中国出口贸易的影响 [J]．世界经济，2015 (5)．

[113] 邵朝对，苏丹妮．产业集聚与企业出口国内附加值：GVC 升级的本地化路径 [J]．管理世界，2019 (8)．

[114] 邵朝对，苏丹妮，李坤望．服务业开放与企业出口国内附加值率：理论和中国证据 [J]．世界经济，2020 (8)．

[115] 邵帅，张可，豆建民．经济集聚的节能减排效应：理论与中国经验 [J]．管理世界，2019 (1)．

[116] 邵昱琛，熊琴，马野青．地区金融发展、融资约束与企业出口的国内附加值率 [J]．国际贸易问题，2017 (9)．

[117] 佘群芝，户华玉．中国制造业的本地市场效应再检验——基于增加值贸易视角 [J]．中南财经政法大学学报，2021 (3)．

[118] 沈和斌，邓富华．注意力配置与企业出口产品技术含量——来自中国加入 3G 网络的证据 [J]．南方经济，2021 (10)．

[119] 沈坤荣，金刚．中国地方政府环境治理的政策效应——基于"河长制"演进的研究 [J]．中国社会科学，2018 (5)．

[120] 沈敏奇．低技术企业发展路径选择的研究——基于全球价值链视角 [J]．技术经济与管理研究，2021 (3)．

[121] 沈能，刘凤朝．高强度的环境规制真能促进技术创新吗？——基于"波特假说"的再检验 [J]．中国软科学，2012 (4)．

[122] 盛斌，吕越．外国直接投资对中国环境的影响——来自工业行业面板数据的实证研究 [J]．中国社会科学，2012（5）．

[123] 史贝贝，冯晨，康蓉．环境信息披露与外商直接投资结构优化 [J]．中国工业经济，2019（4）．

[124] 史贝贝，冯晨，张妍，杨菲．环境规制红利的边际递增效应 [J]．中国工业经济，2017（12）．

[125] 史敦友．异质性环境规制、技术创新与中国工业绿色化 [J]．贵州财经大学学报，2021（3）．

[126] 史普博．管制与市场（中译本）[M]．上海：上海人民出版社，1999．

[127] 师帅，荆宇，翟涛．市场激励型环境规制对低碳农业发展的作用及实施路径研究 [J]．行政论坛，2021（1）．

[128] 宋德勇，杨秋月．环境规制与跨越"中等收入陷阱"——基于跨国面板数据的实证研究 [J]．国际贸易问题，2021（7）．

[129] 孙博文．清洁生产标准实施对污染行业僵尸企业的处置效果 [J]．中国人口·资源与环境，2021（11）．

[130] 孙冰，徐杨，康敏．环境规制工具与环境友好型技术创新：知识产权保护的双门槛效应 [J]．科技进步与对策，2021．

[131] 孙冰，徐杨，康敏．环境规制工具对环境友好型技术创新的区域性影响——以氢燃料电池技术为例 [J]．科技进步与对策，2021（9）．

[132] 孙杭生．我国加工贸易转型升级问题研究 [J]．经济问题探索，2009（4）．

[133] 孙伟，戴桂林．开发区设立与企业出口国内附加值 [J]．产业经济研究，2020（5）．

[134] 孙一平，汤恒运，直银苹，张平南．最低工资对企业出口行为和绩效的影响研究——基于国家和省际维度 [J]．广西财经学院学报，2020（2）．

[135] 孙玉阳，宋有涛，杨春荻．环境规制对经济增长质量的影响：促

进还是抑制？——基于全要素生产率视角 [J]. 当代经济管理, 2019 (10).

[136] 唐丹丹, 唐姣美. 政府补贴如何影响中国企业出口产品质量 [J]. 现代经济探讨, 2019 (10).

[137] 唐宜红, 张鹏杨. FDI、全球价值链嵌入与出口国内附加值 [J]. 统计研究, 2017 (4).

[138] 铁瑛, 黄建忠, 高翔. 劳动力成本上升、加工贸易转移与企业出口附加值率攀升 [J]. 统计研究, 2018 (6).

[139] 童伟伟. 环境规制影响了中国制造业企业出口吗? [J]. 中南财经政法大学学报, 2013 (3).

[140] 王班班, 莫琼辉, 钱浩祺. 地方环境政策创新的扩散模式与实施效果——基于河长制政策扩散的微观实证 [J]. 中国工业经济, 2020 (8).

[141] 汪发元, 郑军, 周中林, 裴潇, 叶云. 科技创新、金融发展对区域出口贸易技术水平的影响——基于长江经济带 2001~2016 年数据的时空模型 [J]. 科技进步与对策, 2018 (18).

[142] 王分棉, 贺佳, 孙宛霖. 命令型环境规制、ISO 14001 认证与企业绿色创新——基于《环境空气质量标准 (2012)》的准自然实验 [J]. 中国软科学, 2021 (9).

[143] 王光. 补贴政策的经济分析——基于文献评述的视角 [J]. 财政科学, 2021 (8).

[144] 王红梅. 中国环境规制政策工具的比较与选择——基于贝叶斯模型平均 (BMA) 方法的实证研究 [J]. 中国人口·资源与环境, 2016 (9).

[145] 王丽霞, 陈新国, 姚西龙, 李晓瑜. 环境规制对工业企业绿色经济绩效的影响研究 [J]. 华东经济管理, 2018 (32).

[146] 王立勇, 吕政. 制造业集聚与生产效率：新证据与新机制 [J]. 经济科学, 2021 (2).

[147] 王培志, 孙利平. 对外直接投资能否提高企业出口国内附加值率 [J]. 经济与管理评论, 2020 (5).

[148] 王思语，郑乐凯．全球价值链嵌入特征对出口技术复杂度差异化的影响 [J]．数量经济技术经济研究，2019 (5)．

[149] 王文熹，于渤．基于环境学习曲线的工业大气污染物排放强度下降潜力测算 [J]．经济问题，2018 (12)．

[150] 王文寅，刘佳．环境规制与全要素生产率之间的门槛效应分析——基于 HDI 分区和 ACF 法 [J]．经济问题，2021 (2)．

[151] 王馨，王营．环境信息公开的绿色创新效应研究——基于《环境空气质量标准》的准自然实验 [J]．金融研究，2021 (10)．

[152] 王毅，黄先海，余骁．环境规制是否降低了中国企业出口国内附加值率 [J]．国际贸易问题，2019 (10)．

[153] 王莹，叶倩瑜．中国环境治理中的政府干预 [J]．上海金融学院学报，2010 (4)．

[154] 王直，魏尚进，祝坤福．总贸易核算法：官方贸易统计与全球价值链的度量 [J]．中国社会科学，2015 (9)．

[155] 魏龙，潘安．出口贸易和 FDI 加剧了资源型城市的环境污染吗？——基于中国 285 个地级城市面板数据的经验研究 [J]．自然资源学报，2016 (1)．

[156] 魏敏，李书昊．新时代中国经济高质量发展水平的测度研究 [J]．数量经济技术经济研究，2018 (11)．

[157] 武杰，李丹．贸易便利化与中国全球价值链地位攀升——基于服务要素投入视角的分析 [J]．技术经济与管理研究，2021 (10)．

[158] 吴磊，贾晓燕，吴超，彭甲超．异质型环境规制对中国绿色全要素生产率的影响 [J]．中国人口·资源与环境，2020 (10)．

[159] 吴力波，任飞州，徐少丹．环境规制执行对企业绿色创新的影响 [J]．中国人口·资源与环境，2021 (1)．

[160] 吴云霞，马野驰．国家制度距离对出口国内附加值影响的实证检验 [J]．统计与决策，2020 (20)．

[161] 席鹏辉，梁若冰．空气污染对地方环保投入的影响——基于多断点回归设计 [J]．统计研究，2015 (9)．

[162] 谢娟娟，王青峰，杨易擎. 正向外部需求是否促进了制造业企业的技术追赶——基于多产品企业出口的理论与实证 [J]. 国际经贸探索，2021 (10).

[163] 谢孟军，周健. 科技创新评价指标体系的构建及对出口推动作用的实证检验 [J]. 经济经纬，2016 (2).

[164] 邢斐，王书颖，何欢浪. 从出口扩张到对外贸易"换挡"：基于贸易结构转型的贸易与研发政策选择 [J]. 经济研究，2016 (4).

[165] 熊波，杨碧云. 命令控制型环境政策改善了中国城市环境质量吗？——来自"两控区"政策的"准自然实验" [J]. 中国地质大学学报（社会科学版），2019 (3).

[166] 熊航，静峥，展进涛. 不同环境规制政策对中国规模以上工业企业技术创新的影响 [J]. 资源科学，2020 (7).

[167] 熊琴. 地区金融发展、融资约束与企业出口的国内附加值率 [D]. 南京：南京大学，2017.

[168] 许和连，王海成. 最低工资标准对企业出口产品质量的影响研究 [J]. 世界经济，2016 (7).

[169] 徐华亮. 中国制造业高质量发展研究：理论逻辑、变化态势、政策导向——基于价值链升级视角 [J]. 经济学家，2021 (11).

[170] 许家云，徐莹莹. 政府补贴是否影响了企业全球价值链升级？——基于出口国内附加值的视角 [J]. 财经研究，2019 (9).

[171] 徐莉萍，王英卓，刘宁，张淑霞. 地方政府环境规制与企业迁移行为——基于中国工业企业数据库样本的成本视角 [J]. 财经理论与实践，2019 (4).

[172] 许士春. 贸易对我国环境影响的实证分析 [J]. 世界经济研究，2006 (3).

[173] 徐彦坤，祁毓，宋平凡. 环境处罚、公司绩效与减排激励——来自中国工业上市公司的经验证据 [J]. 中国地质大学学报（社会科学版），2020 (4).

[174] 徐志伟，李蕊含. 污染企业的生存之道："污而不倒"现象的

考察与反思 [J]. 财经研究, 2019 (7).

[175] 薛俭, 丁婧. 经济增长、出口贸易对环境污染的影响 [J]. 经济论坛, 2020 (10).

[176] 亚瑟·赛斯尔·庇古著. 何玉长, 丁晓钦译. 福利经济学 [M]. 首次出版于1920年. 上海: 上海财经大学出版社, 2009.

[177] 闫文娟, 郭树龙, 史亚东. 环境规制、产业结构升级与就业效应: 线性还是非线性? [J]. 经济科学, 2012 (6).

[178] 闫莹, 孙亚蓉, 俞立平, 展婷变. 环境规制对工业绿色发展的影响及调节效应——来自差异化环境规制工具视角的解释 [J]. 科技管理研究, 2020 (12).

[179] 闫志俊, 于津平. 出口企业的空间集聚如何影响出口国内附加值 [J]. 世界经济, 2019 (5).

[180] 杨德云, 李晶, 杨翔. 环境规制对中国区域碳生产率的影响研究 [J]. 西南大学学报 (自然科学版), 2021 (5).

[181] 阳立高, 赵寒, 李玉双. 高等教育质量对企业出口国内附加值的影响研究 [J]. 科学决策, 2021 (9).

[182] 杨仁发, 郑媛媛. 环境规制、技术创新与制造业高质量发展 [J]. 统计与信息论坛, 2020 (8).

[183] 杨烨, 谢建国. 环境信息披露制度与中国企业出口国内附加值率 [J]. 经济管理, 2020 (10).

[184] 杨友才, 牛晓童. 新《环保法》对我国重污染行业上市公司效率的影响——基于 "波特假说" 的研究视角 [J]. 管理评论, 2021 (10).

[185] 叶慧珍. 中国出口国内附加值的影响因素分析 [D]. 南京: 南京大学, 2015.

[186] 易靖韬, 蔡菲莹, 蒙双, 徐雅君. 制度质量、市场需求与企业出口动态决策 [J]. 财贸经济, 2021 (9).

[187] 游达明, 蒋瑞琛. 我国环境规制工具对技术创新的作用——基于2005~2015年面板数据的实证研究 [J]. 科技管理研究, 2018 (15).

[188] 游达明, 欧阳乐茜. 环境规制对工业企业绿色创新效率的影

响——基于空间杜宾模型的实证分析 [J]. 改革, 2020 (5).

[189] 余淼杰, 崔晓敏. 人民币汇率和加工出口的国内附加值: 理论及实证研究 [J]. 经济学 (季刊), 2018 (3).

[190] 于文超, 何勤英. 政治联系、环境政策实施与企业生产效率 [J]. 中南财经政法大学学报, 2014 (2).

[191] 袁劲, 马双. 最低工资与中国多产品企业出口: 成本效应抑或激励效应 [J]. 中国工业经济, 2021 (9).

[192] 岳文. 政府补贴与企业出口国内附加值率: 事实与影响机制 [J]. 财贸研究, 2020 (5).

[193] 曾倩, 曾先峰, 刘津汝. 产业结构视角下环境规制工具对环境质量的影响 [J]. 经济经纬, 2018 (6).

[194] 张冬洋. 环境政策如何影响中国企业升级? ——来自 "两控区" 政策的准自然实验 [J]. 产业经济研究, 2020 (5).

[195] 张海燕. 基于附加值贸易测算法对中国出口地位的重新分析 [J]. 国际贸易问题, 2013 (10).

[196] 张红凤, 张细松. 环境规制理论研究 [M]. 北京: 北京大学出版社, 2012.

[197] 张建华, 李先枝. 政府干预、环境规制与绿色全要素生产率——来自中国30个省、市、自治区的经验证据 [J]. 商业研究, 2017 (10).

[198] 张杰, 陈志远, 刘元春. 中国出口国内附加值的测算与变化机制 [J]. 经济研究, 2013 (10).

[199] 张杰, 翟福昕, 周晓艳. 政府补贴、市场竞争与出口产品质量 [J]. 数量经济技术经济研究, 2015 (4).

[200] 张静晓, 蒲思, 李慧, 彭夏清. 不同类型环境规制对中国建筑业绿色技术创新效率的影响 [J]. 经济论坛, 2020 (3).

[201] 张可, 汪东芳. 经济集聚与环境污染的交互影响及空间溢出 [J]. 中国工业经济, 2014 (6).

[202] 张丽, 廖赛男. 地方产业集群与企业出口国内附加值 [J].

经济学动态，2021（4）.

[203] 张丽，廖赛男，刘玉海. 服务业对外开放与中国制造业全球价值链升级 [J]. 国际贸易问题，2021（4）.

[204] 张鹏杨，唐宜红. FDI 如何提高我国出口企业国内附加值？——基于全球价值链升级的视角 [J]. 数量经济技术经济研究，2018（7）.

[205] 张平淡. 地方政府环保真作为吗？——基于财政分权背景的实证检验 [J]. 经济管理，2018（8）.

[206] 张平南，黄浩溢，金畅. 最低工资增强了中间品贸易自由化对企业出口国内附加值率的影响吗？——基于中国加入 WTO 的实证研究 [J]. 产业经济评论，2018（5）.

[207] 张倩，林映贞. 双重环境规制、科技创新与产业结构变迁——基于中国城市面板数据的实证检验 [J]. 软科学，2021.

[208] 张晴，于津平. 制造业投入数字化与全球价值链中高端跃升——基于投入来源差异的再检验 [J]. 财经研究，2021（9）.

[209] 张文彬，张理芃，张可云. 中国环境规制强度省际竞争形态及其演变——基于两区制空间 Durbin 固定效应模型的分析 [J]. 管理世界，2010（12）.

[210] 张文磊，陈琪. 汇率变动对出口产品结构的影响——基于出口产品国内附加值的分析 [J]. 世界经济研究，2010（7）.

[211] 张小筠，刘戒骄. 新中国 70 年环境规制政策变迁与取向观察 [J]. 改革，2019（10）.

[212] 张艳纯，陈安琪. 公众参与和环境规制对环境治理的影响——基于省级面板数据的分析 [J]. 城市问题，2018（1）.

[213] 张洋. 政府补贴提高了中国制造业企业出口产品质量吗 [J]. 国际贸易问题，2017（4）.

[214] 张营营，白东北，高煜. 贸易便利化对企业出口国内附加值率的影响——来自中国制造业企业的证据 [J]. 商业经济与管理，2019（10）.

[215] 张志强, 张玺. 我国高新技术细分行业技术创新驱动出口贸易发展效率异质性研究 [J]. 科技管理研究, 2020 (17).

[216] 赵春明, 潘细牙, 李宏兵, 梁龙武. 私人交通、城市扩张与雾霾污染——基于 65 个大中城市面板数据的实证分析 [J]. 财贸研究, 2020 (10).

[217] 赵景瑞, 孙慧, 郝晓. 产业链内嵌国内技术进步与企业出口国内附加值率提升——基于中国工业企业数据的实证分析 [J]. 西部论坛, 2021 (4).

[218] 赵玲, 高翔, 黄建忠. 成本加成与企业出口国内附加值的决定: 来自中国企业层面数据的经验研究 [J]. 国际贸易问题, 2018 (11).

[219] 赵领娣, 呼玉莹, 王海霞. 环境规制与工业就业关系研究——基于西北经济区地级市数据的实证分析 [J]. 干旱区资源与环境, 2021 (9).

[220] 赵永亮, 才国伟, 朱英杰. 市场潜力、边界效应与贸易扩张 [J]. 中国工业经济, 2011 (9).

[221] 赵玉民, 朱方明, 贺立龙. 环境规制的界定、分类与演进研究 [J]. 中国人口·资源与环境, 2009 (6).

[222] 郑亚莉, 张海燕, 陈晓华. 出口品国内附加值率演进对出口技术结构的影响——对 1997～2011 年 58 个经济体的数据分析 [J]. 社会科学战线, 2018 (11).

[223] 钟娟, 魏彦杰. 污染就近转移的驱动力: 环境规制抑或经济动机? [J]. 中央财经大学学报, 2020 (10).

[224] 钟茂初, 李梦洁, 杜威剑. 环境规制能否倒逼产业结构调整——基于中国省际面板数据的实证检验 [J]. 中国人口·资源与环境, 2015 (8).

[225] 周清香. 环境规制对黄河流域高质量发展的影响机制研究 [D]. 西北大学, 2021.

[226] 周信君, 童志熠, 赵学康, 张婧婷. 环境行政处罚对企业绿色技术创新的研究 [J]. 内蒙古科技与经济, 2021 (15).

［227］周亚雄，张蕊. 公众参与环境保护的机制与效应——基于中国 CGSS 的经验观察［J］. 环境经济研究，2020（3）.

［228］朱平芳，张征宇，姜国麟. FDI 与环境规制：基于地方分权视角的实证研究［J］. 经济研究，2011（6）.

［229］朱亚杰，刘纪显. 环境规制对企业并购的差异化影响——基于新环保法的准自然实验［J］. 广东社会科学，2021（5）.

［230］Alpay S. Can Environmental Regulations Be Compatible with Higher International Competitiveness: Some New Theoretical Insights［R］. Feem Working Paper，2001.

［231］Bai R，Lin B Q，Liu X Y. Government Subsidies and Firm – Level Renewable Energy Investment: New Evidence from Partially Linear Functional – Coefficient Models［J］. Energy Policy，2021（159）.

［232］Ball D S. Trade Liberalization Among Industrial Countries: Objectives and Alternatives［J］. American Political Science Review，1968（2）.

［233］Bas M. Input – Trade Liberalization and Firm Export Decisions［J］. Journal of Development Economics，2012（2）.

［234］Bas M，Strauss K V. Input – Trade Liberalization，Export Prices and Quality Upgrading［J］. Journal of International Economics，2015（2）.

［235］Becker S O，Egger P H. Endogenous Product Versus Process Innovation and a Firm's Propensity to Export［J］. Empirical Economics，2013（1）.

［236］Bernard E A B，Jensen J B. Why Some Firms Export［J］. The Review of Economics and Statistics，2004（2）.

［237］Bhat S，Narayanan K. Technological Strategies and Exports: A Study of Indian Basic Chemical Industry［J］. Georgia Institute of Technology，2009（7）.

［238］Bojaca J P. The Innovation Strategy in the Exports of Colombian Firms: A Resource Base View［J］. International Journal of Science and Business，2020（1）.

［239］Broberg T，Marklund P O，Samakovlis E，& Hammar H. Testing the Porter Hypothesis: The Effects of Environmental Investments on Efficiency in Swedish Industry [J]. Journal of Productivity Analysis, 2013 (1).

[240] Bustos P. Trade Liberalization, Exports, and Technology Upgrading: Evidence on the Impact of MERCOSUR on Argentinian Firms [J]. American Economic Review, 2011 (1).

[241] Cai H, Chen Y, Gong Q. Polluting Thy Neighbor: Unintended Consequences of China's Pollution Reduction Mandates [J]. Journal of Environmental Economics & Management, 2016 (76).

[242] Cerqua A, Pellegrini G. Do Subsidies to Private Capital Boost Firms' Growth? A Multiple Regression Discontinuity Design Approach [J]. Journal of Public Economics, 2014 (109).

[243] Cheng M Y. Competitiveness and Management of Technology [J]. Josai Journal of Business Administration, 2015 (1).

[244] Clara B, Jakob S, Axel B, Jean F M. Do Environmental Provisions in Trade Agreements Make Exports from Developing Countries Greener? [J]. World Development, 2020 (129).

[245] Cole M A, Elliott R J R. Do Environmental Regulations Influence Trade Patterns? Testing Old and New Trade Theories [J]. World Economy, 2003 (8).

[246] Conti G, Turco A L, Maggioni D. Spillovers Through Backward Linkages and the Export Performance of Business Services: Evidence from a Sample of Italian Firms [J]. International Business Review, 2014 (3).

[247] Crozet M, Trionfetti F. Trade Costs and the Home Market Effect [J]. Journal of International Economics, 2008 (2).

[248] Cui J, Lapan H, Moschini G C. Productivity, Export, and Environmental Performance: Air Pollutants in the United States [J]. American Journal of Agricultural Economics, 2015 (2).

[249] Dean J, Fung K C, Wang Z. Measuring the Vertical Specialization in Chinese Trade [Z]. U. S. International Trade Commission, Office of Eco-

nomics Working Paper, 2007.

[250] Domazlicky B R, Weber W L. Does Environmental Protection Lead to Slower Productivity Growth in the Chemical Industry? [J]. Environmental & Resource Economics, 2004 (3).

[251] Dong Y L, Masanobu I, Taiji H. Economic and Environmental Impact Analysis of Carbon Tariffs on Chinese Exports [J]. Energy Economics, 2015 (50).

[252] Duan Y W, Ji T, Lu Y, Wang S Y. Environmental Regulations and International Trade: A Quantitative Economic Analysis of World Pollution Emissions [J]. Journal of Public Economics, 2021 (203).

[253] Elias G C, Robie I S R. Davids vs Goliaths in the Small Satellite Industry: The Role of Technological Innovation Dynamics in Firm Competitiveness [J]. Technovation, 2000 (6).

[254] Elkhan R S Z, Mattia F. Environmental Policy Stringency, Technical Progress and Pollution Haven Hypothesis [J]. Sustainability, 2020 (9).

[255] Fang J Y, Liu C J, Gao C. The Impact of Environmental Regulation on Firm Exports: Evidence from Environmental Information Disclosure Policy in China. [J]. Environmental Science and Pollution Research International, 2019 (36).

[256] Gerardo F G, Rosario C M. Indirect Domestic Value Added in Mexico's Manufacturing Exports, by Origin and Destination Sector [J]. Economics Working Paper Archive, 2013.

[257] Gong X, Song X, Zhang W W. Dynamic Evaluation Based on Timing Sequence Multi – Index for Technological Innovation Cost [J]. International Conference on Management & Service Science, IEEE, 2010.

[258] Gray W B, Shadbegian R J. Environmental Regulation and Manufacturing Productivity at the Plant Level [R]. National Bureau of Economic Research, 1993.

[259] Grossman G, Helpman E. Innovation and Growth in the Global Econ-

omy [M]. MIT Press, Cambridge, MA, 1995.

[260] Grossman G M, Alan B K. Environmental Impacts of a North American Free Trade Agreement [R]. NBER Working Paper, 1991.

[261] Guo X L, Ho M S, You L Z, Cao J, Fang Y, Tu T T, Hong Y. Industrial Water Pollution Discharge Taxes in China: A Multi – Sector Dynamic Analysis [J]. Water, 2018 (12).

[262] Gustavsson P, Hansson P, Lundberg L. Technology, Resource Endowments and International Competitiveness [J]. European Economic Review, 1999 (8).

[263] Hall B H, Lotti F, Mairesse J. Evidence on the Impact of R&D and ICT Investments on Innovation and Productivity in Italian Firms [J]. Economics of Innovation & New Technology, 2013 (22).

[264] Halpern L, Koren M, Szeidl A. Imported Inputs and Productivity [J]. American Economic Review, 2015 (12).

[265] Hanife B, Aziz K, Yusuf B, Hanife B. Determining Performances of Innovation and Exports in Turkey and Selected Countries via Malmquist Index for the Period of 1996 – 2012 [J]. German – Turkish Perspectives on IT and Innovation Management, 2018.

[266] Hanson G. Who Will Fill China's Shoes? The Global Evolution of Labor – Intensive Manufacturing [J]. SSRN Electronic Journal, 2020.

[267] Haque N U. Impact of Export Subsidies on Pakistan's Exports [J]. Trade Working Papers, 2007 (26).

[268] Haraoka, Naoyuki. Key to Longer Term Economic Recovery: Productivity Improvement by Technological Innovation. [J]. Economy, Culture & History Japan Spotlight Bimonthly, 2009 (2).

[269] Hardin G. The Tragedy of the Commons [J]. Science, 1969 (162).

[270] Harris M N, László K, László M. Modelling the Impact of Environmental Regulations on Bilateral Trade Flows: OECD 1990 – 1996 [J]. Melbourne Institute Working Paper Series, 2000 (3).

[271] Helmers C, Trofimenko N. Export Subsidies in a Heterogeneous Firms Framework [C]. Kiel Institute for the World Economy, Working Paper, 2010.

[272] Hummels D, Ishii J, Yi K. The Nature and Growth of Vertical Specialization in World Trade [J]. Journal of International Economics, 2001 (1).

[273] Hwang J A, Kim Y. Effects of Environmental Regulations on Trade Flow in Manufacturing Sectors: Comparison of Static and Dynamic Effects of Environmental Regulations [J]. Business Strategy and the Environment, 2017 (5).

[274] Jacob M, Groizard J L. Technology Transfer and Multinationals: The Case of Balearic Hotel Chains' Investments in Two Developing Economies [J]. Tourism Management, 2007 (4).

[275] Johnson R C, Noguera G. Accounting for Intermediates: Production Sharing and Trade in Value Added [J]. Journal of International Economics, 2012 (2).

[276] Katharine W. Innovation and Export Behaviour at the Firm Level [J]. Research Policy, 1998 (7).

[277] Kee H, Tang H. Domestic Value Added in Exports: Theory and Firm Evidence from China [J]. The American Economic Review, 2016 (6).

[278] Keisuke K, Toshihiro O. The Impact of Market Size on Firm Selection [J]. Discussion papers, 2020.

[279] Koopman R, Wang Z, Wei S J. A World Factory in Global Production Chains: Estimating Imported Value Added in Chinese Exports [J]. CEPR Discussion Paper, 2009 (7430).

[280] Koopman R, Wang Z, Wei S J. Estimating Domestic Content in Exports When Processing Trade Is Pervasive [J]. Journal of Development Economics, 2012 (1).

[281] Kou P, Han Y. Vertical Environmental Protection Pressure, Fiscal

Pressure, and Local Environmental Regulations: Evidence from China's Industrial Sulfur Dioxide Treatment [J]. Environmental Science and Pollution Research, 2021.

[282] Lee C. Trade, Productivity, and Innovation: Firm – Level Evidence from Malaysian Manufacturing [J]. Journal of Asian Economics, 2011 (4).

[283] Levchenko A A. Institutional Quality and International Trade [J]. The Review of Economic Studies, 2008 (3).

[284] Levinsohn J, Petrin A. Estimating Production Functions Using Inputs to Control for Unobservables [J]. The Review of Economic Studies, 2003 (2).

[285] Levinson A. Technology, International Trade, and Pollution from U. S. Manufacturing [J]. American Economic Review, 2007 (5).

[286] Li H. The Impact of Government Subsidies on Enterprise Exports: Evidence from China [J]. World Scientific Research Journal, 2020 (5).

[287] Li N, Shi B B, Kang R. Information Disclosure, Coal Withdrawal and Carbon Emissions Reductions: A Policy Test Based on China's Environmental Informaton Disclosure [J]. Sustainability, 2021 (13).

[288] Li Y, Zhang Q, Wang L, et al. Regional Environmental Efficiency in China: An Empirical Analysis Based on Entropy Weight Method and Non – Parametric Models [J]. Journal of Cleaner Production, 2020 (276).

[289] Liu J. Impact of Enterprise Human Capital on Technological Innovation Based on Machine Learning and SVM Algorithm [J]. Journal of Ambient Intelligence and Humanized Computing, 2021 (11).

[290] Liu Y, Liu M, Wang G, et al. Effect of Environmental Regulation on High – quality Economic Development in China—An Empirical Analysis Based on Dynamic Spatial Durbin Model [J]. Environmental Science and Pollution Research, 2021.

[291] Lokshin B, Mohnen P. How Effective Are Level – Based R&D Tax

Credits? Evidence from the Netherlands [J]. Applied Economics, 2012 (12).

[292] Ma J. Domestic Market Segmentation and Expansion of China's Export Trade [C]. Proceedings of the 2015 International Conference on Economics, Social Science, Arts, Education and Management Engineering, 2015.

[293] Marquez Ramos L, Martínez Zarzoso I. The Effect of Technological Innovation on International Trade [J]. Economics, 2009 (4).

[294] Mazzi C T, Foster M N. Imported Intermediates, Technological Capabilities and Exports: Evidence from Brazilian Firm – Level Data [J]. Research Policy, 2021 (1).

[295] Melitz M. The Impact of Trade on Intra – Industry Re – allocations and Aggregate Industry Productivity [J]. Econometrica, 2003 (6).

[296] Messinis G, Ahmed A D. Cognitive Skills, Innovation and Technology Diffusion [J]. Economic Modelling, 2013 (1).

[297] Miao C L, Duan M M, Zuo Y, Wu X Y. Spatial Heterogeneity and Evolution Trend of Regional Green Innovation Efficiency—An Empirical Study Based on Panel Data of Industrial Enterprises in China's Provinces [J]. Energy Policy, 2021 (156).

[298] Miriam G, Brian M. Distributive Politics Around the World [J]. Annual Review of Political Science, 2013 (1).

[299] Mohamed Y H, Adah K, Emmanuel O, Witold N. Environmental Commitment and Innovation as Catalysts for Export Performance in Family Firms [J]. Technological Forecasting and Social Change, 2021 (173).

[300] Mulatu A, Florax R, Withagen C. Environmental Regulation and Competitiveness [J]. Journal of Regulatory Economics, 1995 (1).

[301] Nawaz A B, Umer M, Ibrahim S S, Tang J J, Ullah I A H, Khan I. Impact of Export Subsidies on Pakistan's Exports [J]. American Journal of Economics, 2019 (1).

[302] Ouyang P, Zhang T, Dong Y. Market Potential, Firm Exports and Profit: Which Market Do the Chinese Firms Profit From? [J]. China Econom-

ic Review, 2015 (34).

[303] Pigou A C. The Economics of Welfare [M]. London: Macmillan, 1932.

[304] Pozo A G, Soria J, Nuez A. Technological Innovation and Productivity across Spanish Regions [J]. The Annals of Regional Science, 2021 (1).

[305] Ren S, Sun H, Zhang T. Do Environmental Subsidies Spur Environmental Innovation? Empirical Evidence from Chinese Listed Firms [J]. Technological Forecasting and Social Change, 2021 (173).

[306] Roy C. A Study on Environmental Compliance of Indian Leather Industry &Its Far – reaching Impact on Leather Exports [J]. Mpra Paper, 2015 (2).

[307] Scott B. Strategic Environmental Policy and Intrenational Trade [J]. Journal of Public Economics, 1994 (3).

[308] Shannon C E, Weaver W. The Mathematical Theory of Communication [M]. University of Illinois Press, 1998.

[309] Shao S, Hu Z, Cao J, et al. Environmental Regulation and Enterprise Innovation: A Review [J]. Business Strategy and the Environment, 2020 (7).

[310] Shepherd B, Stone S. Imported Intermediates, Innovation, and Product Scope: Firm – Level Evidence from Developing Countries [J]. MPRA Paper, 2012.

[311] Sourafel G, Gong Y D, Holger Görg, Yu Z H. Can Production Subsidies Explain China's Export Performance? Evidence from Firm – Level Data [J]. Scandinavian Journal of Economics, 2009 (4).

[312] Stoever J, Weche J P. Environmental Regulation and Sustainable Competitiveness: Evaluating the Role of Firm – Level Green Investments in the Context of the Porter Hypothesis [J]. Environmental & Resource Economics, 2018 (2).

[313] Sun W, Yang Q, Ni Q, et al. The Impact of Environmental Reg-

ulation on Employment: An Empirical Study of China's Two Control Zone Policy [J]. Environmental Science and Pollution Research, 2019 (26).

[314] Sun Y, Du J, Wang S. Environmental Regulations, Enterprise Productivity, and Green Technological Progress: Large – Scale Data Analysis in China [J]. Annals of Operations Research, 2019 (1).

[315] Tietenberg T H. Environmental Economics and Policy [M]. Aldershot, Hampshire, UK: Edward elgar, 1994.

[316] Todorov V. Public Expenditure and Environmental Policy [J]. Economic Science, Education and the Real Economy: Development and Interactions in the Digital Age. 2020 (1).

[317] Upward R, Wang Z, Zheng J. Weighing China's Export Basket: The Domestic Content and Technology Intensity of Chinese Exports [J]. Journal of Comparative Economics, 2012.

[318] Walter I, Ugelow J L. Environmental Policies in Developing Countries [J]. Technology, Development and Environmental Impact, 1979 (8).

[319] Wang Y D, Cao W, Zhou Z, Ning L T. Does External Technology Acquisition Determine Export Performance? Evidence from Chinese Manufacturing Firms [J]. International Business Review, 2013 (6).

[320] Weder R. Comparative Home – Market Advantage: An Empirical Analysis of British and American Exports [J]. Review of World Economics, 2003 (2).

[321] Weiss E B. Environment and Trade as Partners in Sustainable Development: A Commentary [J]. The American Journal of International Law, 1992 (4).

[322] Wieke D P. The Governance Challenge of Implementing Long – Term Sustainability Objectives with Present – Day Investment Decisions [J]. Journal of Cleaner Production, 2021 (280).

[323] World Trade Organization, Geneva (Switzerland), Institute of Developing Economies, Tokyo (Japan), Japan External Trade Organization,

Tokyo (Japan). Trade Patterns and Global Value Chains in East Asia: From Trade in Goods to Trade in Tasks [J]. General Information, 2011.

[324] Wu A H. The Signal Effect of Government R&D Subsidies in China: Does Ownership Matter? [J]. Technological Forecasting and Social Change, 2017 (117).

[325] Xie R H, Yuan Y J, Huang J J. Different Types of Environmental Regulations and Heterogeneous Influence on "Green" Productivity: Evidence from China [J]. Ecological Economics, 2017 (132).

[326] Xu M, Wu J. Can Chinese – Style Environmental Collaboration Improve the Air Quality? A Quasi – Natural Experimental Study Across Chinese Cities [J]. Environmental Impact Assessment Review, 2020 (4).

[327] Xu S L, Sun K N, Yang B B, Zhao L, Wang B, Zhao W H, Wang Z H, Su M L. Can Public Participation in Haze Governance Be Guided by Government? —Evidence from Large – Scale Social Media Content Data Mining [J]. Journal of Cleaner Production, 2021 (318).

[328] Xu T S, Li Y H, Chen H M. The Impact of Environmental Regulations on Chinese Exports [J]. The Journal of Global Business Management, 2016 (1).

[329] Yang L, Tang W, Li H. Costs and Cost Drivers Analysis of Airlines Companies: From the Perspective of Revenue – expense Matching [J]. IPPTA: Quarterly Journal of Indian Pulp and Paper Technical Association, 2018 (6).

[330] Yoon H, Heshmati, et al. Do Environmental Regulations Effect FDI Decisions? The Pollution Haven Hypothesis Revisited [J]. GLO Discussion Paper Series, 2017, 10897.

[331] Yu M J. Processing Trade, Tariff Reductions and Firm Productivity: Evidence from Chinese Firms [J]. The Economic Journal, 2015 (125).

[332] Zhang B, Chen X, Guo H. Does Central Supervision Enhance Local Environmental Enforcement? Quasi – Experimental Evidence from China

[J]. Journal of Public Economics, 2018 (164).

[333] Zhang M, Li B. How to Improve Regional Innovation Quality From the Perspective of Green Development? Findings From Entropy Weight Method and Fuzzy – Set Qualitative Comparative Analysis [J]. IEEE Access, 2020 (99).

[334] Zhang Y, Cui J B, Lu C H. Does Environmental Regulation Affect Firm Exports? Evidence from Wastewater Discharge Standard in China [J]. China Economic Review, 2020 (61).

[335] Zhang Y, Wang J, Xue Y, Yang J. Impact of Environmental Regulations on Green Technological Innovative Behavior: An Empirical Study in China [J]. Journal of Cleaner Production, 2018 (188).

[336] Zhao X, Sun B. The Influence of Chinese Environmental Regulation on Corporation Innovation and Competitiveness [J]. Journal of Cleaner Production, 2016 (112).

[337] Zinn M D. Policing Environmental Regulatory Enforcement: Cooperation, Capture, and Citizen Suits [J]. Stanford Environmental Law Journal, 2002 (21).

后 记

本书基于笔者博士论文修改而成，聚焦环境高质量与贸易高质量协同发展问题，试图通过对环境规制实施与中国制造业企业出口国内附加值率变动关系研究，对这一问题进行详细回答。在写作的过程中，衷心地感谢贾明德教授、康蓉副教授、史贝贝副教授及家人、朋友们的帮助和支持，也由衷地感谢张燕编辑耐心地为我解答了诸多出版问题，编辑的认真和负责也是本书能够顺利、快速问世的重要原因。

感谢贾明德教授在本书撰写过程中的指导与帮助。本书的初稿在形成之时，老师已经退休，然而当我到西北大学北校区将初稿拿给老师时，老师一如往常认真地在初稿上做了批注。特别感谢老师的耐心指导与大力支持，为初稿的修改与完善提供了坚实助力，也为整体框架结构的调整、冗余部分的剔除给予了诸多宝贵建议。在此，衷心地感谢老师的无私帮助，千言万语也无法表达对老师的感激之情，提笔于此，唯感念师恩。

感谢康蓉副教授在本书撰写过程中的指引与支持。本书的完成并非一日之功，对气候治理、环境治理的关注源于老师的指引，在我尚不知学术为何物时，是跟着老师一步一个脚印地了解和学习，从而认识到了气候治理、环境治理的重要性，也慢慢地渐入佳境发现了这一领域研究的趣味性。正是跟着老师近10年的一起探索和学习，为本书的成稿奠定了扎实的基础，也使笔者在写作过程中每每遇到困惑时能够较好地厘清思路，从而找到解决方法。正是老师的指引与一直以来的鼓励和支持，本书才有幸得以完成。衷心地感谢老师带领我进入气候治理领域进行研究，让我在探索贸易高质量发展的可行性路径上能够从环境视角展开分析。

感谢史贝贝副教授在本书撰写过程中的点拨与鼓励。笔者在本书构思、撰写及修改时，多次请教史老师，师兄非常认真地给出了诸多宝贵建议，多次的讨论使得本书在框架构建与内容逻辑衔接上完善了很多，特别感谢师兄的指导，正是师兄的点拨给我在很多问题的思考上以新的启发。衷心地感谢师兄在本书撰写过程中对我的鼓励，使本书的撰写能够顺利完成。

此外，也要感谢西北大学经济管理学院对本书出版的大力支持，感谢西北大学碳中和学院对本书撰写提供的有力帮助，感谢父母与朋友们一直以来的支持与鼓励。最后也要感谢读者们，正是因为你们对环境治理与贸易高质量发展的关注，使本书能够有幸呈列在诸君面前。

面对贸易发展引致的环境破坏，探索一条环境高质量与贸易高质量协调发展的道路尤为重要。中国是制造业大国，但制造业出口产品的本国价值贡献长期处于低位，由此引发的中国出口真实贸易利得往往被高估，因此在中国重视生态保护、推进环境规制的大背景下，以企业出口国内附加值率为代表的中国出口真实贸易利得会如何变化值得讨论。目前，受到出口企业数据披露时间的限制，聚焦制造业企业出口国内附加值率的研究尚未推进到最新年份，而企业处于不断发展中，因此，未来对制造业企业出口国内附加值率数据的更新尤为重要，这也是更加准确评判中国出口真实贸易利得的重要标志。鉴于此，本书在后续的研究中会继续关注这一领域，力图在气候治理、环境治理大背景下完善对中国贸易高质量发展可行性路径的探究。

本书成稿在许多人的指导和建议下多次修改而成，但仍有可能存在疏漏与错误，若有不当之处，还请诸君海涵与指正，感谢大家！

李楠

2024 年 1 月